羅貴祥——著

葉維廉、廖炳惠——主編

德勒茲

Gilles
Deleuze

東大圖書公司

《西洋文學、文化意識叢書》
總　序

　　自從結構主義、後結構主義崛起之後，名詞及術語令人目不暇給，再加上批評家往往在理論裡平添自傳、政治抗爭、文字戲耍的色彩與作為，使得理論不再容易理解，尤其在一波波的新理論推出後，彼此針鋒相對，互有消長，更令人覺得無所適從，猶如瞎子摸一隻不斷變換位勢及形狀的象，始終無法明瞭理論的體系及其來龍去脈。

　　以中文發表的論文及專著，雖然已有不少是觸及晚近的文學、文化理論，但是大多只作全景掃描式或作片面的報導，鮮有真正深入某一理論家的原作，就其思想傳承作清楚的交代，並對理論演變及其作用加以闡明，從而進一步評估其成就，不致落入邊陲地帶的完全依賴、毫無判識能力的弊病。

　　這一套叢書由葉維廉教授提出構想，由我擔任策劃，我們力求平均分配文學、文化理論家的學派比例，希望能藉研究這些理論家，同時對當代的文化、社會理論及活動也有廣泛的接觸。對於古典的文學理論家如柏拉圖、亞理斯多德、乃至啟蒙時代以後的美學、哲學家如康德、黑格爾、尼采，或像馬克思及海德格，這些影響深遠的思想家，我們希望將他們納入當代的文化理論中加以討論，從中看出他們被吸收、轉化、批判的成分，進而對這些思想家在傳統中所形成的效應歷史意識有所反省。

　　當然，任何一套叢書難免有掛一漏萬的問題，我們儘量做到在地理分布上，從蘇俄、東歐、西歐到美國，不落入英美或法德為本位的

理論傾銷；同時，我們對現代主義、詮釋學、批判理論、女性主義、後現代主義、後結構主義、後殖民論述的代言人，也力求均勻，尤其兼顧了弱勢團體的論述，就膚色、種族歧視的分析與批判，以一、兩位理論家作為文化批判的切入點。當我們拿現代主義或早期的女性主義者為研究主題時，已顯出後現代處境自我反省以及重新評估其源頭的態度，是以後現代、後結構的觀點去審視現代主義及女性主義，藉此闡揚、再思現代主義、女性主義與批判理論未完成的構想，並對現下的思潮作重新定位。

　　這一套叢書集合了臺灣、香港、法國、美國的學者，以目前的陣容作基礎，希望能作到逐漸擴大，並引起學術及文化界的熱烈回響，使理論進入日常生活的意識，思想與文化作為結合。

　　三民書局暨東大圖書公司負責人劉振強先生使這一套叢書得以問世，在此要向他、參與叢書撰寫的學者與東大圖書公司的編輯群致敬。

廖　炳　惠

一九九一年七月於風城

三版序

想不到，這本關於德勒茲的小書，能夠得到華語讀者的厚愛，幾年內又能夠再次重印，心裡十分感恩。同時亦非常感謝三民書局繼續支持，以及哲學編輯的關顧，讓事情得以順利進展。

上次再版序裡，曾提過想要為小書增補章節，慚愧的是想法沒有兌現，我不敢在這裡談及什麼增補了。書籍自有它的生命歷程，儘管誕生時並不完整周全，未許不能發揮延展本身有限的能量。也許，正如德勒茲在《電影一：運動影像》(Cinéma 1: L'image-mourvement) 中說，「電影本身已經盡善盡美了」，毋須再添加任何示意系統或意識形態。運動影像既是外在世界的物理現實，也是意識裡的心理現實，對德勒茲而言，兩者根本沒有界線。影像本身已是一種意識，並非隸屬他人的意識，有其獨特的自主性和物質性。如是這般，書籍何嘗不是一樣？

電影，在德勒茲兩部電影巨著裡，不是符號，不是再現。運動影像沒有什麼零件、元素，可以拆開來分析，因為電影的根源就是運動影像，不是影像與運動的兩者關係，而電影完全能創造自我運動的影像。德勒茲這種以物體內在性為中心的說法，顛覆了過去以剖析意識形態作主導的電影評論，亦啟迪了當代電影理論偏向談身體、感覺、感官的走向。有人認為，這種德勒茲式的轉向，甚至打開了新唯物主義、物導向本體論、生機活力論等發展軌道。

當然，這本小書未有探究這方面的議題。但我始終以為，電影是

無法擺脫符號、承載意識形態等再現功能的。影像除了是我們內裡的心理意識，也同時在展現著外在世界。運動影像曾經令我們相信行動，相信行動可以改變世界。然而，歷史變遷，時移勢逆，以行動改變世界的能動性，彷彿驟然消失了，我們淪為了無奈地看著世界裡種種不公義與恐怖的觀者。德勒茲寫成了《電影二：時間影像》(*Cinéma 2: L'image-temps*)，似乎是要確認世界在影像中業已喪失了行動。但這並非沒有希望，時間影像正是要重建人對世界的信念，重建人與人之間的連繫，即使狀況仍是脆弱、偶然的，而這已是我們能夠共同擁有及分擔的了。

　　不知怎樣，這一刻想著德勒茲，腦海出現的影像，卻是巨大風力發電器的風車在慢慢轉動。因為德勒茲屢次論及斯賓諾沙時，都引述前人形容斯賓諾沙的作品，既像一陣氣流湧動卻又是和風輕輕。要在這個困難年代讀出德勒茲對自身的重要性，或許，我們要視之為一種可再生能量的資源，永續地為我們吹著絲絲涼風，讓我們平心靜氣又自信地面對難關。

羅　貴　祥
二〇二〇年十一月

再版序

　　有點意外地突然收到東大圖書編輯的通知，1997 年出版的《德勒茲》將會再版，我既興奮又有點疑惑。這十多年來，單是華文圈子，研究及翻譯德勒茲的專書已有很不錯的增長；在英語世界，有關德勒茲的周年學術大會、期刊、專著等等，更以驚人的速度膨脹，儼然已成了一個龐大的環球企業。正因為這個緣故，我反而猶豫，許多年前寫的《德勒茲》入門書籍，華文讀者還有興趣嗎？

　　當中上階層的年輕專業人士會在地鐵車廂裡炫耀性的讀《德勒茲》、當以色列的軍事專家也精研《德勒茲》來對付巴勒斯坦人的城市游擊戰，這絕不表示我們就要停止閱讀《德勒茲》；然而我也不認同我們要重新奪取 《德勒茲》 的解釋權、重申只有我們的閱讀版本才最正確！

　　也許「德勒茲」不過是一個名字、一個專有名詞，它指向某一個人，或某個主體，但同時也引發了某種曖昧的效應，在因與果、名與物之間誘發了可能的落差。「德勒茲」可以是人物（加上了伽塔利，就更不是一個統一無縫的主體那麼簡單了），可以是概念（當然概念的本質是不斷在創造與繁衍概念，以及與其他現存的概念產生網絡式的聯結、互為變改），可以是內在自我與外部他者相互比對的指標，也可以激發或明或暗的攻訐與挑戰。換言之，「德勒茲」可以是方向明確的清晰路標，以至開啟新徑，但也可以是封鎖道途的路障，甚至令人誤入歧路。但怎麼會是歧路呢？在思考的立體地圖上。「德勒茲」或許正是

驅使我們思考那些還未及思考的、未能思考的一種動力吧？

　　由於時間緊迫，來不及為本次再版增補新的章節。如果有機會，我想加入巴迪奧 (Alain Badiou) 對德勒茲嚴苛批判的討論 。巴迪奧在《主體的理論》 (*Théorie du Sujet*) 裡把德勒茲形容為一個抹殺革命可能的思想家，在《存在的叫囂》(*Deleuze, La Clameur de l'Être*) 裡又將德勒茲的多元視為單一，這些或許都是巴迪奧的「誤讀」，但是在這個遭傅柯幸或不幸地言中的「德勒茲世紀」，巴迪奧可能偏頗的詮釋，未許不是一股帶來顫動的涼風？

　　即使這股習習涼風未至，我仍衷心祈望讀者可以在原有的《德勒茲》裡覓得讓人喘息的溫暖氣流。

羅　貴　祥

自　序

　　這是一部關於德勒茲的書，不是一部德勒茲式的書。何謂德勒茲式呢？在《反伊底帕斯》(*L'anti-Œdipe*) 裡，德勒茲說他們不是在寫一部傳統意義上的書，而是在生產一部機器，所關注的不是意義，而是運作。在《千高臺》(*Mille plateaux*) 中，書的章節變成了高臺，開放性地承載了繽紛繁富的觀念，他鼓勵讀者可以從任何一個高臺之中進入他思想的世界，而不必因循地順序閱讀。

　　這是一部非德勒茲的書，因為本書的重點仍然著重意義，尋求德勒茲思想的含意。方法是按部就班地從西方當代思想史為起點，透過語言、心理分析、文藝及歷史等角度，去認識德勒茲的哲學。德勒茲曾經說過，「照著我幹」(*fais comme moi*) 不會學到什麼，「與我一起幹」(*fais avec moi*) 才是學習與思想的要旨。但怎樣才算是與德勒茲「一起幹」呢？也許再用德勒茲的說法，是爬到他的背上，為他創造一個小孩子，一個真正屬於他的孩子，但也是個他認不出的小怪物。

　　在《斯賓諾沙：實踐的哲學》(*Spinoza: Philosophie pratique*) 開首，德勒茲引述了一個讀者當時對斯賓諾沙著作的反應：「……我翻過幾頁，繼續看下去，彷彿感到有股旋風在背後吹動。正如我說，我並不明白每一個字，但當你去接觸那些思想時，你會覺得好像坐在女巫的飛行掃帚上般。之後，我再跟以前不一樣了……」本書的目的，是扇動一股涼風，希望讀者們因此而去接觸德勒茲的思想，感受那種飛行與蛻變的感覺。

　　感謝 Peter Canning，他對德勒茲的深刻認識，啟發了我對這套「自然生態」思想的理解。多謝周蕾和梁秉鈞的支持與鼓勵，令我在一段迷惘時刻之中專心完成這部作品。我亦高興有機會參與 Sepp Gumbrecht 主持的《反伊底帕斯》讀書小組，讓我可以更清楚了解不同讀者對德勒茲的觀感。多謝陳清僑最初的推薦，給予我寫作此書的機會。最後，我十分感謝三民書局及東大圖書多位編輯為這部書所花的時間與心思，沒有他們的努力，本書可能需要更長的時間才可以面世。

1996 年 7 月 28 日

德勒茲
Gilles Deleuze

目　次

第一章

「不合時宜」與西方哲學的危機

　　哲學家總喜歡說，哲學本質上是「不合時宜的」(untimely/*intempestif*)。因為哲學思想並不是當代現實的即時回響，哲學所關心的，往往是它身處時代之外的事物，期待著一些當世之中未可知或未可思的東西。但是，這不等於說，哲學思想能夠超然物外，與現實社會並無牽纏。其實，哲學思想的「不合時宜」性質，可以理解為抗拒與社會上主流的時代步伐同步，不願意遷就時代的主導性要求，反過來更企圖以自己的特有時間觀念，改變甚至領導社會歷史的發展軌跡。因此，哲學的「不合時宜」性，實際上可以緊扣著一個社會的歷史進展，產生複雜曖昧的互動關係。當然，過分強調哲學思想可以影響或左右歷史洪流，未免有誇大之嫌。思想家可能只不過是一隻困頓在玻璃瓶裡的蒼蠅，他是否可以走出瓶口，或甚至是否知覺自己困在瓶中，已經可以是纏繞一生一世的問題，更不要奢談去改變瓶外的世界了。

　　然而，什麼是歷史洪流，卻肯定是令哲學家著迷的問題。歷史是一大堆經過人為排列的順序事實？是一系列量化了而又可以測算的統計數字？還是可以化為一條有跡可尋的定律或一個穩定的結構？思想家以本身的「不合時宜」性，去思考歷史這個時間洪流，所扮演的其實不是一般人認為的「鑑古而預見未來」的橋樑性角色。哲學家並不認同他們面對歷史的任務，就只是為過去所發生的事件分析或解碼，尋找可能隱藏的意義，然後總結經驗，探討過去所帶來的影響，預測未來的進展，以繼承、延續或改革這個大歷史的傳統。思想家不同意這就是他們的工作，因為他們可能壓根兒便不同意歷史是直線或曲線般的線性延續發展的。哲學思想不是一條由古到今的橋樑，職責也不是要把過去與未來連

不知情者還以為自己走在康莊的坦途上，一直進步向前。

　　脫軌的時間告訴我們， 不可能再跟從亞里斯多德 (Aristotle) 的觀念，把時間理解為「順年代」(chronos)，根據前後次序移動。脫軌的時間卻純粹是一種「運動」(kinésis)，沒有明確穩定的系統秩序。在「順年代」的時間觀念中，時間的移動是由一個「目前」(now/ jetzt) 移向另一個「目前」，或一個「目前」取代另一個「目前」。循此道理，「過去」就被理解為「不再是目前」，而「將來」的定義則是「未到目前」。在「順年代」的時間觀念裡，時間是線性順序和不可逆轉的。 時間被徹底地統一化為可以計算衡量的「目前」。

　　相反，時間脫臼之後，「目前」不再是量度時間的標準，因為過去與現在已不是兩個連貫的時刻， 而是聚集在一起 (versammeln)，同時存在。或許可以這樣說，「目前」已經失去了作為火車頭的能力，不能夠帶動一節一節的時間魚貫前進。過去、現在與將來被重新看作是一些共存的元素，一個元素包含了其他元素， 因此一個時刻既是獨存體 (singularity)， 也是複合體 (multiplicity)；過去不僅是過去，也同時是現在與未來。在同一刻裡，一個時刻開展 (unfold) 另一個時刻，時間——脫軌的時間——純粹成為一個變異 (becoming/ devenir)，而不是穩定的連續線。因此，記憶不完全是關於過去的，而是關於未來。尋找未來的可能性，其實也是在追溯往昔。

　　時間脫了臼，也嚴重地影響了我們對傳統與現代的態度。因為時間不再是延續性的，我們不可能簡單地說現代就是傳統的繼承，更不可能極端地說現代與傳統必然互相對立。在脫軌的時間

之中，傳統與現代不再是兩個有固定秩序安排的時刻。傳統不可能被死死釘牢在一個穩定點上，被現代視為非我、異己的客體，因為傳統與現代的分界其實並不明確，沒有了直線順序的時間觀所支配，傳統便不完全等於是已經發生而不會再出現的歷史，也不是已被安放好及定了位的過往時間或陳跡；相反，傳統可以是活生生的，隨時以相同或不同的面貌回到目前，令我們產生強烈的時代錯亂感。傳統從來沒有停止發生，而是與現代同時共存著，不斷派生。

然而，這並不表示傳統和現代就是一個統一的、有機性的整體。更不可以因為傳統是活的，就樂觀地引申說，傳統是一座遍地珠玉的寶山，任我們隨意志喜好開發，取之不盡，用之不竭。傳統根本就不是一些可以明確辨別、可看見可觸摸而存在於我們身體以外的客體。現代的時間活著傳統的時間，現代與傳統根本不可簡單地二分為主體與客體的穩定模式。法文「現代」(la modernité) 一詞，根源於「流行風尚」(fashion/la mode) 這個字。「現代」就是不斷變動的意思。換句話說，傳統既是活的、發生中的，那傳統也是現代。由於時間脫了臼，客體與主體的模式已不可能再用來安全地區分傳統與現代的相異。沒有了相異或差別，沒有了時間距離的分別，剩下的就只有時間的錯亂、認知的混淆。我們無法分辨同與不同，也因而無法在不同和非我的東西對照下，尋找得到自己的身分和位置。

時間的脫臼，意味著認知主體的死亡和秩序世界的消失。宇宙變成一個「渾沌的宇宙」(Chaosmos)，沒有了神祇這種代表著絕對標準的東西，去支撐整個世界的秩序，人類也恍惚突然失去

了生存的指標。「時間脫了臼」這個觀念的發現，其實也是西方文明自身重大危機的發現。不同於原始人的愚昧與渾沌，還沒有能力開展文明，這一次的發現，是從一向以為光明的文明世界中，突然墮進黑暗，往昔的舊記憶令這次的陷落更加痛苦難受。原始人從來未曾活在文明世界之中，因此仍可在黑暗世界裡悠然自得；但是那些認為自己曾經經歷過文明洗禮的人，卻無法接受這次再墮入黑暗迷宮的煎熬，因此反應也變得十分激烈，尋求解決的慾望也更強大。這種對危機的強烈回應，也為西方哲學帶來了強烈的衝擊。面對因時間脫臼而造成的斷裂 (rupture)，以至更意味深遠的主體的死亡、神的死亡和世界的消亡，西方人做了不少激烈的回應，思想家也試圖努力地在本身的能力內處理這個危機。而對這個危機的回應，卻成為了西方現代哲學的一個重要組成部分。

　　簡單地說，因「時間脫臼」這個危機而引起的回響中，顯現了兩種態度。一種是試圖重構認知主體，建立更完整的系統，把脫軌的時間重新接駁起來，我在這裡稱這種回應為「縫合」(suturer)，正如醫護人員為病人破開的傷口細心縫合一樣，希望裂開的缺口能夠再度聯繫結合，徹底痊癒而又能重新生長。另一種則認為傷口已經嚴重破裂，任何縫合手術都不可以令受傷的地方完全康復，回復舊貌，相反這次的重創，正好提供了一個契機，徹底反省整個既有機能的缺陷和局限，藉此打破既定的範圍與格式，另尋可能性，另闢新境地；如果沒有傷口的破裂，反而無法開出新的領域，所以我叫這種回應為「分拆」(désuturer)。

　　表面看來，「縫合」與「分拆」是兩種截然不同而甚至對立的態度，似乎兩者互相排斥，不可能同時並存。但如果我們細心觀

察任何一個思想體系或單元，儘管這個思想的大前提是「縫合」，我們其實也可以找到它「分拆」的時刻；而以「分拆」為主導的哲學中，亦一樣有「縫合」的線索痕跡。事實上，「縫合」與「分拆」之間的辯證關係，相互作用，共同構成了現代西方文化思想的強大網絡。以下我將會簡短地討論兩種思想的重要人物，作為較深入地認識當代法國思潮與德勒茲本身獨特思想的一個參照框架。我在前面說過，「縫合」與「分拆」兩種思想態度，其實不可能具體劃分清楚，因為兩者往往互相滲透，交纏重疊①。所以，兩者的劃分界線不是客觀的，而是含有濃烈的主觀成分。這種主觀的投射界定，正好反映了當代法國哲學家對過去西方思想重要人物的認識與喜好。也由於這種主觀界定與喜惡，衍生了德勒茲這一代的特有思潮。

「縫合」的思維

(*la pensée de la suture*)

康德

　　曾經有人說過，1781 年是神死亡的一年，也是世界消亡、人類主體灰飛煙滅的一年，因為 1781 年是德國思想家康德

---

① 　李耀宗認為西方的批評傳統可分為「連續的」和「不連續的」，我在這裡以「縫合」和「分拆」來理解西方思潮，實際是受到李耀宗文章的很大啟發。關於李耀宗的極有見地的見解，可參考他的〈闡釋與批評〉，《九州學刊》，卷一第四期（1987 年夏季）：41-65。

(Immanuel Kant) 出版他奠定西方哲學新基石的著作《純粹理性批判》(*Kritik der reinen Vernunft*) 的一年。

神、世界和認知主體的死亡，同一時間也暗示著他們再生的可能。《純粹理性批判》的出發點就是要批判過去形而上學的教條武斷性，因為認知主體無法在這些武斷的教條下合理地存在。「我思故我在」固然是笛卡爾認知主體 (Cartesian *cogito*) 的思想基礎，但康德認為，單憑這個不能被懷疑的主觀的「我」作為哲學堅定不移的磐石，卻不可能認知外在客觀事物和有效地認識世界，從而也不可能獲得客觀的知識。因為單從主觀的「我」出發，根本無從知道這些主觀概念能否對應及符合外界事物的客觀狀態；不論主觀思想如何完整嚴密，如果這些理念不能與外物相符，那只證明這些主觀觀念的空洞無物而已。「我思故我在」即使能證明主體的存在，又即使這個具懷疑能力的主體能夠自我不斷完善本身的思維，但是由於無法驗證與外在世界的相互關係，從而亦無法確定能否獲得客觀知識，因此不可能合理地成為哲學思想的基石。所以，從康德的觀點來看，由笛卡爾的唯心主觀出發去認知外物，最終只會導致世界的客觀存在在眼前消失，也促使這種理性主義無法再站得住腳。

純粹憑主觀臆測和理念，無法建立起主體與客體必然而又普遍性的對應關係。但是，這是否又意味說，要確立與外物的關係，就必定要訴諸認知主體的感官經驗呢？康德之前的哲學家，像洛克 (John Locke)，已經指出人類知識的唯一可靠來源是人的感官經驗。這種感官經驗不單純是一種被動地接受外界事物的感官印象，它還包括對外物的記憶、辨別、組合等等的能力。康德同意

感官經驗的重要性，因為假如沒有感官直覺，我們根本就無法知道外界事物是否存在，也因此不可能獲得任何知識。不過，問題的關鍵是，由經驗作為基礎的人類知識，未必具有任何必然性，也未必有普遍和絕對的意義。因為經驗可以人人不同，即使我和你感應同一件事物，所得的經驗也可以完全分歧。過去的經驗與現在的經驗也常常存在極大的鴻溝，此地的經驗和彼方的經驗，儘管同時發生，亦有相當差異。這說明人類知識只以經驗為本，是十分不可靠的。也因為經驗必須首先發生，我們才可以藉此取得有關的知識，令知識變得次要，亦缺乏了必然性和絕對性。

從主觀理念或從感官經驗出發，都不能為人類知識建立牢固確定的基礎，證明了認知主體的嚴重局限性，也引發了一批懷疑主義者的猛烈質詢，其中的佼佼者是休謨 (David Hume)。休謨認為理性觀念與自然世界之間存在著無法踰越的鴻溝。觀念可以單憑推理，就能自足自存於知性世界內，但對於其理性能力範圍外的事物，如自然事實，則完全沒有能力去確定。休謨的結論是先驗的知識——即具必然性和絕對性的人類知識——基本上是不可能的！主觀理念與自然界之聯繫，並非建基於先驗性的推理，而是僅僅依賴於約定俗成的「習慣」。我們不用手直接接觸烈火，或者古代的人，用羽箭插在土地上，證明這是自己的領土，這全都是基於一種因襲常規的風俗或習慣，並非是人類理性的觀念產品。

對休謨來說，事物的因果關係並不是一種純理性推論，而是源自同類經驗的重複和累積。「因果律」再不是心智力量的推演，這對形而上學過去的理解，無疑是一個嚴峻的批判。休謨甚至認為知識其實是一種「信念」，一種憑經驗累積下來的信念。如果思

想只是一種信念，那麼思想不單只可以隨時犯錯，也極可能是一個幻覺。所謂準確的思想與錯誤的思想之分別，只在於前者擁有正統合法的信念而已。休謨這種論調，對西方哲學造成極大的震撼。他的批判立場，其實可以說更接近「分拆」的思維，這或許可以解釋為什麼德勒茲的第一部論著，全然是以休謨為評論對象了。

最先感到休謨論點的震撼性的是康德。作為一個「縫合型」的思想家，其實他對任何缺口都極為敏感。康德就是要彌補懷疑主義對形而上學所做成的破壞，重建哲學的合理性，因此《純粹理性批判》一開始便不單只對武斷專制的理性主義宣戰，還同時要反擊懷疑主義的破壞性侵襲，故此康德所面對的是一個有兩條戰線的戰場。這種如臨大敵的壓逼感，很容易在他的《純粹理性批判》第一版序言中所用的比喻看出來：

過去形而上學一度被稱為一切科學的女王……她的政府在武斷主義者的管理下，最初是專制的。但由於立法仍帶著古代野蠻的痕跡，故她的帝國由內戰漸漸瓦解為徹底的無政府狀態；而懷疑論者，一種游牧人，鄙惡一切定居的生活方式，不時破壞所有文明的社會。幸而他們為數甚少，而且亦不能阻止文明社會的重建……（我們）要設立一個法庭，作為保證理性的合法要求，並排除一切無根據的主張，這種遣除行動卻不是以專制的命令進行，而是依照法庭本身永恆而不可改變的法律為基礎的。這個法庭不是別的，就是「純粹理性的批判」。(A VIII～XII)

　　康德除了要推翻笛卡爾的理性主義與洛克的經驗論外，也要超越休謨的懷疑主義對傳統形而上學的破壞，建立一套獨立於經驗以外的純粹理性批判哲學。要達成這個目的，康德首先做的是重新建立形而上學的可能性，探究其根源，規劃其界限，以及決定先驗知識的範疇。但康德亦清楚知道，理性批判不可能衍生自現存的形而上學，因此他必須創立一套嶄新的理念，作為他新科學的基礎。這套新理念就是所謂「超越哲學的理念」。具體來說，這是一種獨特的知識，它所關注的不是客體本身，而是我們先驗概念 (a priori concepts) 裡的 「一般客體」 (objects in general/ *gegenstände überhaupt*)。

　　「一般客體」這個概念，在康德的批判哲學中，扮演著一個非常重要的位置。過去的本體論關注事物本身 (*Thing-in-itself*/*Ding-in-sich*) 的絕對性質的探究，但以人類有限的認知能力，根本永遠不可能知道什麼才是真正的事物本質。故此，康德提出「一般客體」概念，這個客體不是經驗世界的客體，但對物體本身卻有參考指涉的作用，儘管「一般客體」不是物體本身。我們的思想在判斷時，必須指向一些物體，否則判斷將無法產生，而「一般客體」正是我們意識中的「目的物」，所以它可以是某種物體，也可以什麼都不是，是「無」。「一般客體」的概念除了包含存在物的概念外，也因此包括了空無或不存在東西的概念。打個比喻說，「一般客體」有點像我們今天所說的「符號」，它指涉物象世界，但本身不是事物本身，像「玫瑰花」一詞，我們不能藉此感受到香味、顏色和玫瑰的刺，但卻令思想意識有一個寄託點。不過，把「一般客體」比喻為語言符號，可能有誤導的危險

性，因為康德由始至終都並未強調過語言的重要性，而其後的結構主義語言學是否與康德這個概念有任何淵源，亦未有定論。

康德認為，以「一般客體」為根據，人類才有可能先驗地運用理念到物體身上，從而獲得知識。由於客體的產生，不能純粹是知性的創造，否則這件物體將缺乏任何客觀性，所以物體必須先在感性直覺中出現，而感性的基本形態是時間和空間，換句話說，一件物體必須在時間和空間之內，讓我們感知。

然而，最嚴峻的問題是，既然這些客體不是我們的主觀創造，那麼我們如何可以說知性概念能夠先驗地應用到這些客體身上，決定它們存在的可能？換言之，知性與感性之間的大鴻溝，如何可以彌補，以及如何證明知性其實凌駕於感性之上？為了解決這些疑問，康德提出了「超越的推證」這個概念。「推證」(Deduction/*Deduktion*) 一辭，不可以單純用今天的眼光理解為邏輯推理的三段論。康德選用「推證」一詞，靈感其實是來自十八世紀當時的法律界用語。在法律訴訟的爭議之中，控辯雙方除了要證明事實的問題 (*quid facti*) 外，亦要證明權利的問題 (*quid juris*)。「推證」 就是關於對（某些備受爭議的）土地或財產擁有權的合法根源的證明②。同樣道理，康德要證明「超越知識」的合法地位，便要推證其擁有權的根源。在當時的法律界來說，權利和事實是兩個有分別的問題，假如權利問題能夠滿意解決，即使事實問題困難重重，法官也會裁判能證明權利問題的一方獲勝。

---

② 關於「推證」的歷史演變，參見 Dieter Henrich, "Kant's Notion of a Deduction and the Methodological Background of the First Critique," ed. Eckart Förster, *Kant's Transcendental Deductions* (Stanford: Stanford University Press), 29-46。

例如遺囑的問題，在很多個案中，都無法全面理解樹立遺囑的整個過程，但在法庭上，只要在某些重要關節上，證明遺囑是真實和有效的，便可以得到繼承權的答案。因此，推證所根據的，往往是一些主觀條件。康德更直截了當地說，在超越的科學裡，任何證據都來自主體這個概念。

簡括而言，超越推證的關鍵，是主體自我意識的統一性 (Unity of Self-Consciousness/*Einheit des Selbstbewusstseins*)。在我們的感官世界裡，只是一大堆多樣化而紛亂的官能印象，本身不能構成任何有系統的清晰事物，必須透過自我意識（即所謂「我思」(*Ich denke*) 或所謂「統覺」(Apperception)），為這些紛亂的感官印象加上一種秩序，綜合統一為一些可認知的客觀物體。自我意識的任務，就是組織綜合破碎的官能表象，把它們重構成具體事物，這樣我們才可能真正認識這件物象，創造可靠的知識。由於這個物象，是由我們的自我意識從個人感官世界中，抽取材料而加以綜合才產生，所以我們是絕對有權運用概念在這些物體身上，從而獲得知識。

康德所強調的是，儘管這些由我們自我意識綜合統一出來的物象，不是事物本身 (*Ding-in-sich*)，但它們也不是主觀臆測的虛構產品，因為它們最初的形成是由事物本身所引起的。人類的能力無法真正認識事物本身，但事物本身卻能向我們呈現某些感官印象，憑藉自我意識的重組綜合，人類一樣可以找到事物的「真實性」。這個以自我意識為中心的「推證」，縫補了知性與感性的鴻溝，也證實了主觀概念應用在客觀物象上的合法性，因為一切認知過程，都是以自我意識為軸心。哥白尼的革命把太陽與地球

的中心論扭轉過來，而康德則巧妙地把認知論，從客體轉到以主體為中心，也同樣進行著一場歷史性的革命。

在《純粹理性批判》中，這個超越的自我意識，被康德認定為是人類知識的最高定律，奠立了「超越的唯心主義」(transcendental idealism) 的基礎。前人的唯心主義者，懷疑甚至否認物質的存在，而康德作為一個超越的唯心主義者卻並不懷疑及否認物質的存在，只是他認為物質的存在並不可能獨立於自我意識之外。換句話說，物質是我們心神的直覺再現，所以不是空想臆測的，而能夠即時辨明。康德的觀點其實沒有真正推翻唯心主義的論調，相反他的超越的唯心主義，某程度上，可能比一般的唯心主義（指笛卡爾及柏克萊）更加唯心論。康德論點的複雜曖昧性，並不被他的同代人所理解。第一篇談論《純粹理性批判》的書評，在 1782 年刊出，論者伽伏 (Christian Garve) 把康德的觀點視為柏克萊唯心主義者一類，更指康德將心神與物質等同，讓整個世界變為再現 (Representations/*Vorstellungen*)。對這種誤解，康德當然十分不滿，於是他立刻修改及重寫部分《純粹理性批判》。但這個修訂版與原版本產生了很多不協調的地方，為以後的康德研究者帶來了不少論爭。

自我意識是「超越哲學」的核心，似乎它應該具備堅定不移的絕對性確實性，但事實卻不然。康德理解的自我意識並不是經驗世界的東西，而是一個超越的主體，統率著一切經驗與綜合繁複的直觀。康德沒有具體說清楚，我們作為一個具血肉之軀、受制於七情六慾的普通人，如何可以成為超越的主體；他只告訴我們，自我意識是每一個人的自然反應，當經驗呈現，我們便會自

然地產生自我意識，去聯結組織紛雜的印象。換言之，這個超越的主體其實是一個分裂的主體：即經驗界中的「我是」(I am/*Ich bin*)，以及發揮綜合認知作用的「我思」(I think/*Ich denke*)。

儘管「超越的自我意識」是人類認知的最高定律，它卻只是一個空虛的形式，一個沒有實質內容的主體。沒有經驗印象，超越主體根本無法存在，更遑論超越主體的本體論了。作為縫合型的思想家，康德並沒有天真地尋求一種牢固不破的所謂本質事物（例如過去以「神」作為人類文化的支撐點），來填補思想危機的大裂口，相反他以一種空無的形式主體，去堵塞裂縫，這實在是一個十分大膽的發明。或許這也暗示了在康德的心裡，真正的裂口根本是無法縫補的，因為這個大裂縫才是現代哲學的基本原動力。

德勒茲在〈論四條詩學的方程式就可概括康德的哲學〉③一文中，引述了法國象徵主義詩人韓波 (Arthur Rimbaud) 的一句話：「我是他人」(*Je est un autre*)，並以這句話作為一條方程式，去解釋康德的「超越的主體」。德勒茲說，「我思」(*Je pense*) 這個行動決定了「我是」(*Je suis*) 的存在，決定了「我是」是一個思想的事物；但在什麼情形下，「我是」的存在被「我思」所決定呢？德勒茲認為，康德所提供的答案是，只有在時間裡，只有在時間這個形式之中，不確定的存在（即「我是」）才會被決定下來。人類常常會問「我是什麼」？「我是」往往包含著極大的疑問與不安，只有在時間這個形式裡，才被決定下來，因為「我是」的存在絕

③ ｜ 德勒茲一文的英譯 "On four poetic formulas which might summarize the Kantian philosophy"，見他的 *Kant's Critical Philosophy*。

不可能脫離時間之外。然而，「我是」的存在是被決定下來了，但「我是」是被當作為一個他人的身分之下才被「我思」所決定的。換句話說，一個主體在時間之中分裂為兩個「我」（法文中的所謂 *le Je* 和 *le Moi* 或英語的 I 和 Ego），一個是行動的思想的「我」，另一個是被動的變幻的「我」。據德勒茲的說法，時間逼使兩個「我」產生關係，時間的「線索」(*le fil du temps*) 把兩個「我」縫紉起來。同一時間，時間竄入主體之內（意味了主體不是無限的），為主體區分了兩個「我」，不斷在兩翼震盪挪移，為自我身分的追尋創造了動力和暈眩。

康德「超越主體」這個概念，吸引德勒茲的地方不是兩個「我」的統一，而是它們的分裂。在德勒茲的眼中，康德為縫合大裂縫所作的努力，其實反諷地為「非主體化」(*désubjectivation*)、「我」的消亡創造了初步的條件。為什麼德勒茲要反對自我主體的身分建立？這是一個複雜的西方歷史哲學問題。權宜地在這裡簡單說，德勒茲以及他那一代的不少法國思想家，並不認同建立一個統一主體是解決西方文化危機的方法，相反他們認為只有從統一主體中解放出來，找尋新的動力，才有可能解決危機。

黑格爾和柯耶夫

繼康德以後，另一個被視為極之重要的「縫合型」思想家是黑格爾 (Georg W. F. Hegel)。我在前面說過，「縫合」與「分拆」兩種思想導向本來就不可具體劃分，黑格爾的「辯證法」正好告訴我們，越傾向「縫合」的思想可能越發揮「分拆」的功能，而

「分拆」之中又包含了「縫合」的元素。然而，黑格爾之所以被德勒茲這一代法國哲學家視為「縫合」大宗師、理性主義的正統勢力，主要是由於柯耶夫 (Alexandre Kojève) 影響深遠的解讀所致。

柯耶夫（他的真名是 Kojevnikov）於 1902 年出生於莫斯科，父親死於日俄戰爭。俄國十月革命爆發後，由於他的階級背景不見容於蘇維埃 (Soviet) 政權，他毅然離國，流亡到德國，並在那裡開始研讀黑格爾哲學。1928 年，他遷往巴黎，並入籍為法國公民。儘管因為社會主義革命令他離開俄國，但他仍然宣稱自己是個馬克思主義者，而且每年都回蘇維埃聯邦探訪。數年後，他在法國投資的生意破產，為維持生計，經朋友的介紹，在專科高等學院 (École pratique des hautes études) 講授黑格爾的《精神現象學》(*Phänomenologie des Geistes*) 這部專著。柯耶夫專論黑格爾的課程由 1933 年開始，到第二次世界大戰爆發才終止。這六年內卻吸引了不少法國著名知識分子，到他的班上聽課，其中包括巴代伊 (Georges Bataille)、拉崗 (Jacques Lacan)、昆諾 (Raymond Queneau)、阿朗 (Raymond Aron)、梅洛龐第 (Maurice Merleau-Ponty)、韋爾 (Eric Weil)、哥索斯基 (Pierre Klossowski)、哥耶 (Alexandre Koyré) 及布列東 (André Breton) 等等。柯耶夫與其他黑格爾研究的最大不同，是他的觀點完全超脫技術性的形而上學的範疇。《精神現象學》在柯耶夫的講解中，徹底地變成一本社會、文化以及有關人類學的論著。唯心論者把「絕對精神」(Absolute Spirit) 奉為黑格爾哲學的最高規律，柯耶夫卻嗤之以鼻。對他來說，「慾望」(*Désir*) 這個題旨才是《精神現象學》的重點。

根據柯耶夫《黑格爾導讀》的解說 ④，黑格爾認為人類作為

具有自我意識的動物，與其他動物不同的地方，是人類的慾望不單只追求一件具象的客體（譬如饑餓便尋求食物、充滿性慾便找他人發洩等），這些都只是動物的慾望。人的特殊性，是他／她的慾望追求他人的慾望。換句話說，我們慾望他人所慾望；他人要的，我們也要。人類的慾望本質上是模仿性的，這也決定了人類必然是群體的動物，否則他將不能產生超乎野獸的人類慾望，因為人的慾望不是追求一個自然具體的物件，而是他人的慾望。他人所慾，也是我之所慾，慾望決定了人類存在的本體（當然，反諷的是，慾望不是一些有形的物質，而是虛無的不存在）。柯耶夫說，人類的歷史就是追求他人慾望的歷史。

　　我慾求他人所慾求，他人亦慾求我所慾求，這種關係必然會引起競爭、導致衝突。人類要追求慾望、滿足慾念，唯一的方法就是行動。柯耶夫的理解是，所有行動都含有「否定性」(negativity/*nichtigkeit*)。這種「否定性」不是一般形而上學裡所謂存在的反面，而是解釋為是一種摧毀或消滅。我們要滿足饑餓的慾望，就要「否定」食物（吃掉它、消滅它）。生存本身就建築在殺戮之上。慾望是毀滅性的、破壞性的。慾望的滿足依賴具破壞力的行動，這是人類和其他動物的共同特性。人類要區別他與野獸的不同，他的慾望就必然要超越一般動物的慾望。

　　柯耶夫補充說，人類的慾望每每追求一種價值觀，這是其他動物所缺乏的。動物的慾望只求消滅對方、吃掉對方，目的是要

④　Alexandre Kojève, *Introduction to the Reading of Hegel: Lectures on the Phenomenology of Spirit*. Ed. Allan Bloom. Trans. James H. Nichols, Jr. (Ithaca: Cornell University Press, 1980).

保住自己的性命。然而，人類為了滿足他的慾望，卻往往甘冒生命危險、甚至犧牲性命，也在所不惜。換句話說，保存血肉之軀或維持性命，並不是人類的（只是動物的）慾望。柯耶夫指出，人類的慾望是尋求別人的認可或讚許，要別人認許及渴求我所代表的價值觀。為了別人的嘉許和個人的聲望，人類絕對可以戰鬥至死。人類過去的歷史已經證明，為了一枚沒有實用價值的勳章，萬千人戰死沙場。柯耶夫簡括地說，人類的慾望就是慾求一種認可（或榮譽）(the desire for recognition/*le désir de reconnaissance*)。

在這個關節上，柯耶夫大肆發揮了「主人與奴隸」的辯證關係。兩個人相遇，為了滿足自己的慾望，為了獲得對方的肯定或讚許，必然會相互鬥爭到底，以至賠掉性命，這種鬥爭才是人類的現實。不過，柯耶夫以為每一個人都為榮譽戰鬥至死是不可能的，因為兩敗俱傷，根本不能構成人類的現實。假如任何一方被殺死，倖存的勝利者也由於沒有對手去承認他、接受他的價值，最終也無法滿足他作為「人」的慾望。所以，兩個競爭者都必要同時地在戰鬥過後生存下來，否則人類的慾望將永遠無法達致。要兩個人在鬥爭後同時並存，唯一的可能性是其中一個人最後貪生怕死，野獸的慾望最終戰勝了他的人類慾望，為了保住性命，而甘願向對手俯首稱臣，稱對方為「主子」，自願淪為「奴僕」，承認主人捨命搏取回來的榮耀、認同他的價值觀。柯耶夫認為，人不僅是人這麼簡單，人必須選擇要做主人，還是做奴僕。他的存在，究竟是要「自主性」的，還是「從屬性」的。歷史的「辯證」就是主人與奴隸的「辯證」。

一個人自以為是人，這種自我肯定的自主性並不是客觀的知

識，有時甚至只是些自以為是的虛妄幻想。人要肯定自己是一個為自己存在的人，他必須要尋找客觀事實去支持，而這個客觀事實便是由其他人去承認他的存在、認同他的自主性。要贏取他人的認同，人就必定要作出具體「行動」，驅使其他人承認他。當所有人都有這種要做自主的人的慾望時，人與人之間的「行動」必然以鬥爭的方式進行，直至定出勝負，最終有人能夠取得被人認可作為人的「榮譽」為止。這便是人類歷史的公式。當這個人類的慾望被滿足，也就是人類「歷史的終結」。柯耶夫口中的黑格爾就是以這種鬥爭以至達到「歷史終結」的方法，去解決我們上面提到的人類文明的「危機」。既然歷史終結（主與僕各就其位），時間靜止，一切危機所引起的裂縫自然會被全部縫合覆蓋了。

不過，柯耶夫又提出，人類的慾望其實並不容易得到滿足。經過重重鬥爭，戰敗的一方甘於做奴隸，將勝利的一方尊為主子。但問題是花了這許多氣力而奪取回來的主人地位，卻要一個被人看不起的奴隸所「承認」，主人怎可能因此而滿足？他只是被一個他不承認的人（奴隸）所承認，這是何等的反諷？我們只會渴望，我們受我們尊敬的人所尊敬，誰會稀罕受那些我們瞧不起的人的脫帽致敬？主人要受另一個主人（與他地位相等的人）的承認，他才會真正感到滿足，但這種情況根本是不可能的。兩個主人不可能同時存在，主人之所以為主人，完全是因為他能夠逼使對手成為他的奴隸。柯耶夫說，主人的處境其實是悲哀的，他冒生命危險，所得的只是沒有價值又不能令他滿足的東西。主人不過是生存的死局，他耗盡一生得到主人的地位，卻發覺這並不是他所想要的——他慾求的是別人（不是奴隸）的承認。主人之所以成為主

漸喪失了工作的能力。不難看到，柯耶夫這樣去分析黑格爾，其實滲入了很多馬克思評論資本主義的理念在內。主人就是資本家，他對奴隸（即工人階級）的行為是剝削性的。而奴隸似乎才是人類歷史的明天，因為他的工作改變了人類順應自然的命運，反過來支配和征服自然，使人類文明走向進步。柯耶夫口中的奴隸，彷彿就是馬克思所欽許的擔當著歷史重任的工人階級。

柯耶夫發揮黑格爾主奴辯證關係的學說，幾乎成了以後法學哲學分析權力關係的一個主導方法。柯耶夫分析的黑格爾極富創造性，也能具體地把抽象學說變成社會現象的解釋。在柯耶夫理解的黑格爾眼中，人類的文明史其實就是人類的暴力鬥爭壓逼史。黑格爾視拿破崙 (Napoleon) 為「歷史終結」的完成者，但柯耶夫則認為，真正終結歷史的人物，是他同時代的大獨裁者史達林 (Stalin)。其實柯耶夫借黑格爾口裡重申「歷史的終結」這個觀念，頗被當時的法國知識界所接受。歐洲正處於經濟蕭條，德國納粹權力興起，種族仇恨湧現，四處危機隱伏。法國知識分子不再感覺到他們有能力創造歷史，唯一可做的就是反思即將來臨的「歷史的終結」。

從三零年代至五零年代，柯耶夫的黑格爾哲學變成了法國思想界的主流。最顯著的是巴代伊根據柯耶夫的學說為主導，成立了社會學書院 (Collège de sociologie)，集中研究「否定性」在「歷史終結」以後在人類社會剩餘的影響力（巴代伊認為這種「否定性」顯示在非生產性的消費、縱慾行為、殺戮獻祭等上）。而梅洛龐第及沙特 (Jean-Paul Sartre) 等關於否定論及人道主義的思想，都明顯地帶著柯耶夫學說的痕跡。梅洛龐第更指出，當時哲學界的共通語言就

是（柯耶夫的）黑格爾的語言，這當然要拜《黑格爾導讀》所賜了。昆諾亦因為聽了黑格爾這門課，寫了一部小說《生命的星期天》(Le Dimanche de la vie)，幽默地探討生命及知識的非理性元素。拉崗索性仿照柯耶夫講述黑格爾的創造性方法去講解並發揮佛洛伊德 (Sigmund Freud) 的精神分析，而他所討論的「慾望」這個主要課題，基本上是源於柯耶夫的。

正因為柯耶夫發揮的黑格爾哲學影響深入廣泛，成了某種佔主導地位的正宗權威，到了六零年代，便引起了德勒茲等一代被稱為「後結構主義者」的反抗。其中一個主要原因，在黑格爾的批評者眼中，黑格爾的哲學把人類歷史的殘酷鬥爭、弱肉強食的情況完全合理化，並給與合法的地位。主人與奴隸的剝削性關係，於是變成了必然性的關係，這種看法對那些具理想主義及反建制的較年輕一代法國學者，自然無法接受。加上時代的局限，黑格爾的哲學在很多地方都流露著日爾曼民族的自尊自大感；而黑格爾對政權的分析，也很容易令人把他看作為獨裁政體、國家權威辯護的哲學家。譬如黑格爾認為君主憲制是最合理性的政體，而國家的整體統一性必須建築及體現在帝王一個人身上。這種看法固然難引起六零年代反建制者的好感，但批評者往往忽略黑格爾之所以指出君主政制是最合理的社會整體，其實是呈現了理性的有機整體（國家）實則是建立在「非理性」的分子（國王）身上。皇帝作為國家統一的象徵，他的合法性純粹是因為他是「皇帝」而已。皇帝可以毫無才能，甚至可以是個白痴，他代表的只是形式上的國家主體，是一個純粹的符號，沒有必要的內涵，所發揮的功能是團結起游離的群眾，成立自存的社群。皇帝之所以是皇

帝，純粹是因為血緣關係，父傳子，子再傳子，完全與個人才智能力無關。這個靠血緣靠父親名字的皇帝，代表了天賦自然的質素，也是黑格爾所說的「非理性」，他是理性社會裡唯一的「自然」剩餘物，他的存在完全由「自然」所決定，而其他人（像奴隸）必定要作後天人為的努力去「發明」自己的存在價值，故此皇帝是在理性整體裡的一個非常奇特的元素。他是非理性的，但正因為他的非理性，建立了整體理性社會。

黑格爾的哲學其實正指出了理性核心的空洞性。理性的源頭其實是非理性的荒謬。所謂歷史的絕對必然性本來是源於偶然和不合理。馬克思亦借用黑格爾的君王論，嘲諷地說，如果皇帝真的以為自己是皇帝，他只是個白痴而已。皇帝的功能只是一個主宰的符號，與真正的權力行使無關。

對德勒茲和他的同輩思想家來說，儘管黑格爾的辯證似乎是在探討「非理性」或「理性本身的非理性源頭」，但他們始終認為這種否定論仍然是基於「同一性」的邏輯運行，並沒有真正深入討論「非理性」。「同一性」的邏輯依然以相同、類似、對比、模擬等觀念，去認識及思考異類，無法走出理性思維的局限。根據德勒茲及其他反叛黑格爾辯證論的哲學家的觀點，真正迫切需要的是一套關於「差異」的哲學、一套能夠視「差異」為「差異」而不會將「差異」簡單歸納為相同或類比等的哲學概念。德勒茲在寫給他的評論者克崇 (Michel Cressole) 的信中說：「我最討厭的就是黑格爾主義和辯證法。」⑤ 這種某程度上是針對權威的討厭感，積極地成為刺激德勒茲尋找其他思維可能性的力量。而德勒

⑤ | 見 "Lettre à un critique sévère," *Pourparlers 1972-1990* (Paris: Minuit, 1990).

茲在六零年代初，找到了尼采 (Friedrich W. Nietzsche) 作為對抗黑格爾的啟發性動力。

在《尼采與哲學》(*Nietzsche et la philosophie*) 一書中，德勒茲三番四次地重申，尼采的作品中有強烈的反黑格爾思想，黑格爾和辯證法基本上是尼采哲學的敵人，因為尼采的思想方法是完全脫離二元對立論的。在德勒茲眼中，尼采推翻了自柏拉圖以降的「再現」理念，又發展了一套建基於力學物理的哲學論，而最重要的是，尼采以「肯定」的概念去取代黑格爾的「否定論」。

德勒茲借尼采的口，去分析主人與奴隸的關係和價值觀，他認為主人「肯定」自己是善良的，從而認識奴隸的卑下，再而「肯定」自己與奴隸的不同。相反，奴隸因為憎恨主人，「否定」一切主人所肯定的，認為主人是惡毒的，而奴隸這種態度完全是被動的、否定性的。主人說：「我是善，因此他是惡。」而奴隸則只會說：「他是惡，因此我是善。」德勒茲說，奴隸需要一個「非我」（第一個否定）才能夠尋找得到自我，而他必須把自己放在一個與「非我」的對立角度（第二個否定），始能獲得自我的身分。換言之，奴隸對自我的「肯定」是來自兩個「否定」，即所謂「否定的否定」。而這個要靠「否定的否定」才能達到「肯定」的奴隸，被德勒茲毫不留情地稱為是黑格爾的信徒。

奴隸像黑格爾一樣，並不真正懂得主人之道。奴隸以為主人只曉得追求權力和在奴隸身上尋求認可。然而，據德勒茲理解的尼采則認為，這只是奴隸和黑格爾一廂情願的看法。主人並不需要在奴隸身上尋求認可或讚美，他只直截了當地在權力行使之中「肯定」了自己，因此亦「肯定」了自己與奴隸的差別，這就是

「肯定的肯定」了。主人透過「差異」和「肯定」去分別善惡，而奴隸卻要憑「矛盾」與「否定」來製造善惡的對立。

事實上，1962 年的德勒茲為了對抗黑格爾的否定論及辯證法，某程度上「創造性」地閱讀尼采，刻意發展出一套「肯定」的概念。這種立論似乎也逃不出他所要迴避的對立性，多少有點是「凡敵人反對的，我們都要肯定」的邏輯。不過，德勒茲這種反叛的反黑格爾精神，卻是他不斷創新的原動力，他在 1968 年出版的、極具創意的《差異與重複》(Différence et répétition) 裡，開宗明義地說，海德格哲學、結構主義、當代小說及其他權力分析論等，全都是反黑格爾的，而他要探討的差異與重複兩個概念，便是要取代黑格爾的同一性與否定論。當然，《尼采與哲學》一書並不只局限在反黑格爾，它還包括不少對權力運作、道德論、機遇和變易論的精彩闡述，我們在以後的章節中將會再談到。

「分拆」的思維

(la pensée à désuturer)

「分拆」的思維，並不單是指這種思維的任務是分拆、瓦解其他外在的東西；「分拆」的思維另外的含義，是思維本身也正在處於被分拆、瓦解的景況之中。

傳統的哲學強調追求（外在）事物的真確性，即所謂客觀的真理。思維被假定具有良好的本質，思想家都被看作為尋求真理而擁有良好願望的人，這便是思維的傳統形象。但是，我們卻極少會疑問，這些追求真理的思想本質上的問題。笛卡爾告訴我們，

我思故我在的「我」，可以懷疑一切事物的客觀性，卻不能懷疑「我」是否在懷疑。

真理的敵人是謬誤。追求真理的思維絕不能容許真理和錯誤同時並存。謬誤不可能成為思維的一部分，儘管思想有時偶然犯錯，但思維的目的是尋求真理，為問題提供答案或找出解決的辦法，這就是傳統思維的主要命題，也是它一貫維持的形象。

「分拆」的思維卻並不完全認同這種傳統哲學的形象。首先，「分拆」思維的思考對象，不僅是外界的客體，它反過頭來不斷質詢、懷疑及解構自己的本質。思想並不單純是追求真理的工具，相反，思想本身的運動，往往都脫離我們目標的航道和控制的範圍。「分拆」的思想家認為，思維是感情性的音調 (affective tonality/*stimmung*)，是不同力量的運動組合、協和與衝擊，時而保持平衡，時又失去平衡。思維不是一些人類可以具體觸摸、運用以至控制的東西，反之，思想的韻律調整決定了人的生存狀態。而人只能在這些像波浪一樣、變幻多端的思維韻律中尋找立足點，更遑論有能力去控制及操作自如了。

其次，真理不再被理解為某種必然存在於某處、而最終又必然可以讓我們找到的所謂真實和客觀的定律。而真理可能只是一種假象，它的存在使人懷疑。真理的絕對性和權威性受到質疑，它不但不比錯誤高一籌，相反，真理可能只是錯誤的同謀，兩者其實有著千絲萬縷的糾纏關係，並不是想當然地可以截然劃分、壁壘分明的。

尼采

當神——作為人類最終極的價值支柱——被尼采宣佈死亡之後，一切價值都已經變得相對性，隨時可以被新崛起的價值觀所取代，而新的又被更新的所替換，完全喪失了絕對的標準。「神」的死亡，令人類慘痛地失去了道德價值的最高標準，但也一夜間解放了人類，為他們開啟了一片全新的景觀、嶄新的不可知的地平線。然而尼采懷疑，人類是否有能力面對，從地平線那邊忽然湧來的、充滿了無窮可能性而卻又令人震慄的事物。人類是否真的有追求真理的意志？

尼采是個徹底的破壞者，他完全搗毀了基督教倫理道德的基石，認為靈魂、理性、真理這些全都是虛構捏造的事物。人類寧願被這些虛構的價值欺騙，也不敢放棄它們，接受虛無的現實。或許這樣說並不十分準確，因為在尼采的哲學裡，一切形而上學的二元對立，如真與假、善與惡等等，都被宣佈無效。既然沒有所謂真實，也自然沒有什麼可以說是虛假的。尼采說沒有任何事實的存在，我們有的只是詮釋，無窮無盡的詮釋。法國大革命的歷史事實並不存在，只有關於這個革命的無數詮釋。面具背後並沒有真實的臉孔，只有面具之後的面具之後的面具。意義變得徹底地多元化，但這些無盡的意義最終可能是沒有意義的，因為沒有一個意義可以稱為是絕對的、有決定性的。

真理的權威性被尼采搗破，世界變得支離破碎，再沒有基本原則和深度，只有不斷轉變的面具。尼采的作品企圖抗拒系統化，他強調「與文字共舞」，將固定的、一致的和同一性的東西推倒、

打散、扎裂、分播。尼采思想的力量，無疑是極具爆炸性的。不過，如果我們細心觀察，或許會發覺，每一次的破壞力量其實是曖昧地建築在一種新的「肯定」上面。換句話說，尼采哲學所代表的，可能其實不是對形而上學的徹底破壞，而是一種巧妙的重建。從哪裡可以證明尼采真的能夠「征服」了形而上學呢？或許徹底破壞性的「分拆」思維，基本上是不可能的，它多少也帶有「縫合」的意味。

事實上，尼采儘管完全否定了形而上學慣常使用的語言（如神、真理、理性、意識、靈魂等），他自己卻也創立了新的辭彙，像「求權的意志」（the Will to Power/*der Wille zur Macht*）、「永恆的回歸」（eternal return/*die ewige wiederkunft*）以及「超人」（Overman/*Übermensch*）等，來發揮他反系統化的（或者是另一類系統的）格言警句式思維。

「求權的意志」歷來被曲解為個人追求權力以統治他人，或有權力的強者壓制弱者。這種曲解，更被納粹德國的法西斯分子故意濫用，去證明德國侵略野心的合法性。其實「求權的意志」並不是指追求權力統治，「意志」不是主體，而「權力」也不是客體。傳統的形而上學，把意志看作是一切行動的根本，因此主體的統一性就被理解為「有意志的主體」。然而，尼采的「求權的意志」正是要挑戰形而上學對意志的理解。尼采認為意志並不等同統一性，相反，意志是多樣化的本能和衝動互相爭鬥衝擊而成，它並沒有任何同一性與協調性。「意志」的統一性因此沒有任何本質上的基礎，它的所謂整合完全是受實際應用所支配以及語言結構的影響。尼采不時說，這些形而上學的所謂實體，全都是語法

的習慣、邏輯家虛構迷信的產物。「意志」不是固定的核心,而是多種力量鬥爭的戰場,所代表的多樣繁複而不是統一的觀點。至於「求權的意志」裡的「權」,也不是一種單一性的動力,而是既有主動,又有被動的。一方面這種力量不斷擴張伸展,另一方面又萎縮腐朽,製造了一種混亂和不穩定性。德文 "Wille zur Macht" 裡的 "zur" 含有方向、運動的意思,故此「求權的意志」並不是個固定的中心或控制性的規律。不過,「求權的意志」卻是尼采所發明的、有明顯邏輯可尋的定理,以作為理解一切動力和價值觀的歷史系譜性分析。

至於「永恆的回歸」,尼采把它看作是一個時間上的可能性。在這個可能性裡,時間的過渡變成了永恆,過去重返現在,世界上一切的事物以相同的面貌回歸當下,我們要重生無數次,在這個變幻的回歸過程,價值等級制度被摧毀,混亂成了常態,而這也是一個淘強汰弱的過程,只有強者最終能夠重活再生,而所謂強者,其實就是混亂和沒有秩序。時間變成了循環,自我身分認同等價值觀念被取消。儘管「永恆的回歸」象徵了變動與混亂,但實際上它本身就是一條規律,一種肯定性的東西。「求權的意志」最終的目的就是要達到「永恆的回歸」,這兩個定理互相有密切的關係。尼采試圖打倒一切固定的秩序,摧毀形而上學的原則,但最終他似乎也無法擺脫形而上學的束縛。或許一切抗爭都只能在形而上學的範疇內進行,除此之外別無他法。

然而,德勒茲卻似乎並不這樣想。他在〈游牧思維〉(Pensée nomade) 一文中認為,尼采的作品不以「內在」的意識思維為本,而能夠伸展到「外部」去。像那些塞外的游牧民族一樣,尼采的

思想運動是來自外邊的，是從關外闖入中原，製造動亂的。尼采的思維，在德勒茲的眼裡，就是那些塞外奔跑飛馳而居無定所的游牧族群，不受中原內部的價值所桎梏，是一種自由流動的力量。

德勒茲更指出，尼采的「格言」式文體，與其他強調系統組織的文體最大不同的地方是，它無法被「符碼化」(codifié)，亦不會進行任何「再符碼化」的工作 (récodification)，換言之，尼采文體呈現了一種不能被符碼化、甚而擾亂一切符碼的思想，充滿了活力地對抗規律、法據和建制。在尼采的思維裡，文體風格變成了一種抗爭的政治。此外，尼采「格言」文體的流動性，令它與「外部」(dehors) 產生了一種密切的關係，在西方傳統的形而上框框以外引入了新的力量。德勒茲說，尼采是第一個西方思想家把思維懸掛到邊界的外部去，跳離習套的再現和抽象呆板的概念，衝擊讀者的閱讀習慣。德勒茲更發現，在尼采的「格言」文體中，常常湧現著某種幽默和反諷。讀尼采的文章往往令人發笑，如果讀尼采而沒有發笑，那根本就不是在閱讀尼采。尼采的笑謔代表了一種反文化，笑聲取代了箝制思想的意義，這是一種精神分裂的哄笑，一種革命性的喜悅。德勒茲說，所有反文化的作家都有這種惹笑的力量，我們很難不會因閱讀卡夫卡 (Franz Kafka) 和貝克特 (Samuel Beckett) 而發笑，因為悲劇只屬於形而上框框以內的事。尼采的思想與外部產生聯繫，引進了一股自由的空氣，因而誕生了酒神狄俄尼索斯 (Dionysus) 式的自由奔放的哄笑。

德勒茲在尼采的思想上看到一種新的解放力量，一種反傳統的新思維，和一種流放自由的游牧式力量。德勒茲的尼采，為人類文明的危機，不單只提供新的解決辦法，更提出新的思考方法，

擺脫舊的框架桎梏。或許有人認為德勒茲的尼采，有點過分理想化之嫌，但無論如何，尼采在德勒茲的哲學卻肯定是靈感力量的泉源。

佛洛伊德

佛洛伊德的最重要貢獻，是他發現了「無意識」(Unconscious/*Unbewusste*)。何謂無意識呢？首先，無意識並不能等同為潛在的思想。不少人誤以為無意識不過就是潛藏在夢境背後的、隱而不現的想法，因此推想地認為，只要把夢中的迷糊景象加以詮釋，並翻譯成日常生活可溝通的語言，便自然明白什麼是無意識了。但在佛洛伊德的理論裡，無意識並不是作這樣理解的。夢的結構其實包括三個元素：即明顯的夢境、隱藏的夢的內容，以及無意識。換言之，無意識並不是夢的深層結構，躲在夢的背後，相反，無意識可以是表面上的東西，是夢的形式，是夢本身的作業。隱藏的思想只是夢的內容，但夢的形式與本質卻是由無意識所創造。無意識包含了夢的一切符號機制，要比潛藏的思想意義廣泛得多。

要接近無意識，佛洛伊德提出了兩個步驟：第一，要對那些看似毫無意義而又混亂不堪的夢，進行詮釋，尋找被壓抑了的意義。其次，超越這些被壓抑了的訊息，進而注意夢的整個作業。單是尋找所謂「祕密」是不足夠的，因為真正的祕密不是躲藏在表象之後的。整個夢的過程與作業才是真正的祕密。專注把夢翻譯成日常生活可溝通的語言，並不能解釋無意識，因為無意識根本不是我們意識世界的可認知的客體，更不是具體又可觸摸得到

的事物。

佛洛伊德的革命性觀點是，儘管無意識是一些流動性的、無法觸摸的事物，但卻是認知主體和意識的核心，整個人類的符號世界都要依賴無意識才可以存在。無意識的弔詭是，符號世界無法將之變成有意義的符號，但整個符號世界實際要依靠這個無意義的核心才可以運作。人的心智其實是受無意識所主宰，人的意識活動也同樣受著無意識的制約，換言之，理性並不是徹底的清晰明朗，而是受制於某些盲點。故此，佛洛伊德認為，要理解無意識，必須要從「不正常」的現象或徵兆入手，如夢、無心之失的說話，以及種種精神病症。只有在夢或失常之中，意識世界的控制有所鬆懈，我們才有可能真正接近無意識。而無意識的真相，往往化成一種徵兆，在我們理性的日常生活中突然出現。

在佛洛伊德一段時期的作品之中，無意識往往與壓抑相提並論。他追溯這種壓抑來源自嬰孩時期性慾受到壓制所致。孩童對母親的依戀，代表了人類對統一體的慾求，但父親的存在，必然令這種慾望無法得到滿足，佛洛伊德借用希臘的伊底帕斯(Oedipus)弒父戀母的神話，意在說明人類慾望受社會文明壓抑而造成了無意識，而不是泛指一切父母子關係都以殺父戀母告終。事實上，父、母、子這個三角關係在佛洛伊德的論說中，只是一些象徵性的位置，不能完全等同現實的家庭身分。佛洛伊德實則要探討的，是人類如何在追求滿足慾望的原初動力下，因社會文明藩籬的束縛與制衡，產生了無數的心理挫折感和病態。文化規條的約束，令人的慾望不致過激而自取滅亡，但因此而產生的壓抑，又引起了無窮的後患。夢就是這種壓抑的扭曲

(disfiguration/*entstellung*)，佛洛伊德把「再現」看成是壓抑性的，這對當代批判理論以形而上學的再現論為主要攻擊對象，有頗大的啟發性影響。

人的內心，在佛洛伊德的眼中，其實毫不平靜，充滿了不少矛盾的掙扎與衝突，理性的主體不過是在種種壓抑、箝制和審查下的臨時產物，隨時有可能有不速之客（即無意識、慾望的真相）到訪，衝擊理性的防線。佛洛伊德所提供的處理人類危機的方法，不像那些縫合性的思想家般將危機視為臨時的突然的變異，而是把這些所謂不健康的、病態的東西，視為常規和核心，是理智面具的真實面目。佛洛伊德的心理學影響深遠，成為一代的重要學說，但發展過盛，也由於這種學說本身的專業化及建制化，已成為一種收費高昂、以利益為重和只重視社會調和的權威性職業。

德勒茲的思想很大程度上亦受到心理分析及生物學理論的啟發，但同一時間他也看到佛洛伊德的學說已淪為專橫保守、維護現存制度的附庸。1969 年他認識激進的心理分析學家伽塔利 (Félix Guattari) 後，更加深了他對心理學本身存在著的壓抑性的理解，進而提出針對性的批判。在〈心理分析的四個命題〉(Quatre propositions sur la psychanalyse) 一文中，德勒茲指出現行精神分析的四個嚴重問題：㈠心理分析完全堵塞了「慾望的生產」，心理分析家把慾望視為一件壞事，將無意識看作是反意識、意識的寄生，甚至是敵人。他們不容許無意識的生長，一味強調昇華、非性慾化，把慾望消滅。㈡心理分析家以他們制度化了的詮釋學，去阻止「陳述」(*énoncés*) 的成形。在德勒茲的理解裡，「陳述」是自由浮動的多元性符號，是強烈密集的力量，所以無意識生產、

慾望的表達和陳述的生成，對德勒茲來說，都是相同又可以互換的能量物質。但心理分析家卻用他們陳套的詮釋術語，控制及壓逼這些陳述的自由發揮，將之引入一個成規的軌道，把陳述完全符碼化。

詮釋，對德勒茲而言，代表了一種倒退。心理分析家總是把慾望解釋為代表著另一種隱藏的東西、另一個潛伏的慾望，有戀物狂的人被理解是對母親乳房的慾望。這種心理分析最後都歸結為一個永恆不變的「伊底帕斯」結構，其實心理分析家從來沒有真正面對慾望作為一種生產力的問題。㈢因此，心理分析只是一個精密的詮釋機器，老早就把任何病人所說的話，大量複製般地都翻譯成另一種相同的語言，並把病人變成一個所謂說話的主體，即使說什麼話，也逃不出心理分析套語的藩籬。「詮釋」與「主體化」就是心理分析兩條箝制性的臂膀。㈣德勒茲十分關心的是心理分析中的權力問題。這不僅是指心理分析家與病人之間的權力關係，還包括了心理分析作為一個「企業」，已經徹底融入資本主義的金錢權力運作之中。心理分析家與商人已經無甚分別。

對既有的心理分析學，德勒茲的批評是相當苛刻的。心理分析作為一種專業，已經差不多全喪失了它對人類精神的解放力量，淪為與社會建制同聲同氣的「意識形態國家機器」。以「離經叛道」見稱的拉崗，以「回到佛洛伊德」為號召，挑戰當道的心理分析，而卓然成家。德勒茲在很多地方上，認同拉崗的做法，但也有所保留，關於這些複雜曖昧的關係，我們將會在後面的章節中再詳細討論。

海德格

自 1927 年 《存在與時間》 (*Sein und Zeit*) 出版後，海德格 (Martin Heidegger) 已經逐漸成為當時歐洲極受注目的哲學家之一，但他對法國知識界的深遠影響，卻要到 1946 年才真正發揮出來。不過，早在 1931 年，他的文章〈什麼是形而上學？〉(Was ist Metaphysik?) 譯成法文後，引起了一些法國小說家對「否定性」這個論題的興趣，而寫出一些以探討人的生存與虛無的作品，如昆諾的《狗牙根》(*Le chiendent*)、尼臣 (Paul-Yves Nizan) 的《特洛伊的木馬》(*Le cheval de Troie*) 以及沙特的《嘔吐》(*La nausée*) 等。海德格思想在法國最初的影響，只局限在他一小群的追隨者如布弗 (Jean Beaufret) 等人身上，直到 1946 年 11 月，他在回答布弗有關沙特人道主義問題的一封信被發表，才受到法國知識分子的廣泛注意，奠定了他在當代法國思想界的一代宗師地位。

在這篇原先是信件、後來再改寫並命名為〈一封關於人道主義的信〉(Brief über den Humanismus) 的文章，海德格駁斥沙特把人理解為行動的主體。沙特認為人的定義，完全在於他的實際行動，所作所為，而不是具有什麼由神安排的和永恆不變的本質。這意味著人的行動自由完全取決於他的主體性——一個類似笛卡爾的認知主體 (Cartesian cogito)，成了沙特存在主義的起點，也是人道主義的根本。

海德格對行動這個問題沒有太多回應，但卻大力批評主體性的整個傳統。他徹底反對西方人道主義把人視為認知中心的論據，企圖把人「非中心化」，並重申他在《存在與時間》的觀點，認為

人不是什麼超越的認知主體，而是一個「定在」(being there/*Dasein*)，人不過是某個時空被拋在某個定點的存在物而已。人這個「定在」生存在世界之中，探求的是存在的意義。海德格認為，西方形而上學已經忘記了存在這個重要問題，只埋首在認知領域中的客體事物的研究，完全忽略了存在的本源。他提倡回到希臘思想 (*Zurück zu den Greichen*)，回到西方思想的黎明，因為在那裡，人才可以真正思索存在，開啟為存在降臨的空曠地 (clearing/*Lichtung*)。人在思索存在的過程中，逸脫了直線順序的傳統時間觀的羈纏，跳出了直線的時間以外，而讓未來、過去和現在重新結合並存，成了一個新的「存在」(Ek-sistence 而不再只是 Existence)。

這種反人道主義思想，當然不是肇自海德格。尼采、馬克思的反人道主義觀，也同樣受到當時法國知識界的歡迎。只是海德格更能把這種反人道主義思潮，結合對整個西方形而上學的批判，再加上他對當代資本主義以科技化為主導的系統大肆攻擊，甚能引起二次大戰後知識分子的共鳴。事實上，自從經歷兩次世界大戰的血腥屠殺之後，西方知識分子對傳統的啟蒙思想，以理智的人為主體的人道主義，已經完全喪失信心；甚至認為這種一味強調人類解放、以人類一己的價值觀強加於萬物的宏觀思維，其實是一切罪惡暴力之源，是西方列強到處侵略殖民的最終理據，因此都極欲尋找另一種有別於人道主義的新思想，作為新的出路。海德格的思想以作為批判舊有哲學的面貌出現，某程度上滿足了不少人的渴望。

與其說海德格的思想是反人道主義的，不如說他實際是在尋

找另一種人道主義思想，因為人這個「定在」在他的思想體系裡
仍然佔著十分重要的位置。海德格心目中的人道主義，或許可以
稱為希臘式的人道主義。這種「人道主義」不再以人為量度萬物
的最高準則，而是強調人與物的互相對應關係。萬物開放於人類
的智慧與本能，供人理解、接近和挪用，但卻不是由人類完全控
制、統治的。故此人要善用萬物，便必須順著萬物的特性，讓其
發揮物之所以為物的本質，而絕不是忤逆萬物的本性，強行由人
的主觀意志去轉移、支配。這種希臘式的人道主義，是以本體性
為主導，而不是以人類作為本位的，所突出的是人與物的互換互
動的先設關係。當然，海德格不是不顧現實的，一味叫人回到這
種似乎相當理想化的希臘式人道主義去，他亦明瞭啟蒙時代的人
道主義，其實也是這種希臘式人道主義的後期發展。換言之，海
德格並沒有認為，只要人類能夠回到希臘式的人道主義，一切問
題就可迎刃而解。相反，在他的思想裡，我們其實可以發現，人
類根本就沒有什麼避難所，也絕不可能回到理想化的遠古，或甚
至天真地期待新黃金時代的來臨。

　　現實世界的價值混亂與虛無、科技的統治，是無可避免，亦
不可能徹底克服的。但海德格堅持，人仍是有可能在這個世界中，
與萬物重新發掘相互的感應關係，再度思考存在意義的。因此他
對「現象學」的理解，與他的老師胡塞爾 (Edmund Husserl) 很不
相同。胡塞爾把現象學視為一種嚴格的科學，作用是探究一切經
驗的先決條件，而這種探尋則是以超驗的認知主體作為核心的，
故此海德格論定說，胡塞爾現象學所思考的，依然是形而上學的
問題。然而，海德格的現象學卻不是以認知主體為中心，因此人

這個「定在」置身於既存的世界之中，要真正主宰世界，把經驗世界當作知識客體般分析，幾乎是完全不可能的。萬物不但不能任由主體所認知分析，而且更往往隱藏在知識範圍之外，現象學因此只能呈現的，是不能呈現的萬物。物的本質之所以不能呈現，根據海德格的解釋，一方面是由於西方哲學一切以主體為本，根本就不在意自然物的本質，主觀的認知世界無比膨脹，壓制著物的本源，完全忘記了存在這個最基本的問題。另一方面，物本身的內在特性是善於隱藏，不容易讓人的理性去完全把握。被逼的和自動的，是萬物之所以隱藏退避於人類認知的兩個基本特性。萬物的本質因此是活的、運動的，而不是固定和呆滯的。

這種運動性，也是理解海德格所定義的「真理」這個觀念的重要關鍵。在海德格的理論中，真理與存在往往是相提並論，聯繫在一起的，而兩者都與人這個「定在」有密切關係。正如存在，真理不是隨手可得的，它不是一件既存的客觀物體。海德格認為，傳統的觀念把真理解釋為物體和知識的一致與應和，即只要物體符合我們的知識，那便是真理。但海德格卻另有一套解釋，他說真理的本體性是「非隱蔽性」(unhiddenness/*unverborgenheit*) 的。應用否定的前綴詞 "un"，海德格將「否定性」注入真理的本質之內。以希臘文「真理」(*aletheia*) 這個字去解釋真理這個觀念，海德格指出，"aletheia" 之內含有 "lethe"，而 "lethe" 解作忘記、刪除，是負面的意義。換句話說，真理本身含有一定內在的否定性、消極性。真理並不是想像中的單純地正面、肯定和明確的。根據海德格，真理的本源是雙重性的，既有肯定性，亦同時是否定、消極的。存在的意義，在過去的哲學中被忽略及遺忘，原因是真

理內在的否定性沒有得到確認，故此人們無法把握真理的複雜性。

海德格解說，真理是掩蓋 (concealment/*verhüllung*) 和非掩蓋 (unconcealment/*unverhüllung*) 的運動與角力，雙方不是一種對稱的兩極，而是經常處於緊張的鬥爭和變動關係之中。故此隱蔽與非隱蔽性，不能算是一個固定的二元對立。傳統的哲學或形而上學，只單方面強調真理的正面與積極性，其實是在行使著一種壓制性暴力，把否定面抑壓下去。這種暴力的行使，主要的支持者來自語言。語言在希臘文中是「羅各斯」(*logos*)，常常被翻譯為理性、觀念、根基的意思，亦即所謂「羅各斯中心論」(logocentrism)，一切以此為認知辨物的核心。「羅各斯」的作用，表面上是陳述真理，實際上則在說謊話，因為它沒有講出真理否定性的一面，沒有全面講出真相，只顧單面地揚顯真理的積極意義。

透過海德格有關「真理」的理念，其內在的否定性得到恢復。由於這種內在的否定性的存在，真理本身也是一個自我鬥爭的結果。內在的否定性，標誌了真理本身的缺陷。真理不是想像中那樣完美無缺的，而是一個爭鬥運動的過程。海德格不是說，我們在尋找真理的過程中，必然遇到阻滯或會犯錯誤，相反，他的意思是，真理本身便包含了錯失缺漏，這些負面性不是外在的或偶然的，而是真理本體的重要組成部分。依循這個邏輯，海德格發揮地說，在任何一個思想裡面，都有「非思想」的存在；在任何一個用語內，也可以找到「非用語」的固有成分。在〈什麼是形而上學？〉裡，海德格甚至引用黑格爾的說話：「純粹的存在與純粹的不存在（或否定性）是完全一樣的。」

由於真理的這種雙重性質，故此真理對海德格來說，往往是一個可能性 (possibility/*möglichkeit*)，而不是一種現狀 (actuality/*wirklichkeit*)。可能性正是變化、流動的，充滿了各種的拉力。他在《存在與時間》中坦言，可能性要比現狀重要得多，人這個「定在」就是要把握各種存在的可能性，甚而要向過去被壓抑的可能性重新尋覓。真理作為一種可能性，意味著真理不再是我們想像般的絕對。當一些權威的人，大聲宣告著「真理就是真理」時，我們或許可以重新作這樣的理解：第一個「真理」在「真理就是真理」中是一個前設，第二個「真理」則是變幻多端的可能。「真理就是真理」這個贅述，並不表示真理是完全絕對的、鐵一般無法改變的事實；相反，從第一個既有觀念中的「真理」，引出第二個充滿變幻和不穩定的「真理」，「真理就是真理」所指涉的，實際是真理的雙重複雜性，是一個不斷挪移的運動。

我們在很早前說過，「縫合」與「分拆」的思維並不是完全對立的，而是互相滲透補充的。兩者的劃分，不過是一種權宜的界定。海德格強調對傳統思想的拆解（他在《存在與時間》一書中，甚至用「毀滅」(*Destruktion*) 這個字），以及自身思想的流動性，似乎無可置疑地是一種「分拆」的風格；然而，他對整個西方形而上學的宏觀式理解，堅持以存在的意義為直線貫穿歷史的敘述，又令他看來是個「縫合」型的思想家。無論如何，他對西方當代思想有極深刻的影響，而這種影響更因為他與納粹法西斯主義的親密關係，變得更為複雜糾纏。三零年代初，海德格曾受命於納粹政權，出任大學校長，並發表言論公開呼籲學生追隨納粹領袖，雖然他只在位一年 (1933-1934)，便自動辭去這個職位，但他其實一

直都沒有放棄他納粹黨黨員的資格。海德格與納粹主義思想之間的關係，並不容易說得清楚，也因為他思想的吸引力掩蓋了他過去的政治活動，而不為人所注意，但曾為海德格的學生的法希雅 (Victor Farias) 於 1987 年發表了《海德格與納粹主義》(*Heidegger y el Nazismo*)，卻如重新在這個灰色地帶上投下巨型炸彈，再度挑起法國思想界對這個疑問的爭論。

　　法國的大眾媒介固然不會放過這宗極具爭論的新聞，而法國的思想家也紛紛發表或批評或維護海德格的言論，其中較著名的包括波笛亞 (Jean Baudrillard)、布蘭修 (Maurice Blanchot)、布狄雅 (Pierre Bourdieu)、狄格 (Michel Deguy)、德希德 (Jacques Derrida)、拉 古 拉 巴 (Philippe Lacoue-Labarthe)、雷維那 (Emmanuel Lévinas) 等等。有些肯定法希雅著作的價值，有些則大肆抨擊法希雅書中的資料錯誤、用心不良。最大的爭議不僅是，海德格作為一個被推崇為「二十世紀最偉大的思想家」竟然是納粹主義者的醜聞，而是海德格的思想體系的重要組成部分，是否也滲有強烈種族主義的納粹思想。海德格在 1976 年已經去世，這個在八零年代末發生在法國的爭疑，自然無法由他來解答或申辯。但是，他一直對納粹屠殺猶太人保持緘默，即使在戰後也對這個歷史事實不作任何的反思，卻是無可爭辯的。或許，海德格與納粹的爭議，正好提供一個讓我們重新閱讀海德格的機會，揭開他早被神化了的面紗。

　　儘管海德格的思想早在四零年代已經在法國流行，且在六零年代更成為主流的顯學，但德勒茲似乎對海德格的興趣並不強烈。由於受到論文指導教授的推崇，德勒茲始花了較長時間去研讀海

德格的著作，並在他 1968 年出版的《差異與重複》書後的參考書目中列了海德格的名字，但書的內容卻顯然找不到海德格特有思路的影響。因此，有不少人認為，在眾多法國當代理論家之中，德勒茲可以算是少有地不受海德格思想迷倒的一個了。不過，這種說法也並不全對。因為，故意規避並不就等於不受影響，而且海德格的《什麼叫思想？》(*Was Heisst Denken?*) 中討論的思想與時間、思想與記憶等的聯繫，也是不難在德勒茲的思維中找尋得到。在《傅柯研究》(*Faucault*) 一書中，德勒茲便多次直接討論海德格，並將海德格所理解的「存在」(*Sein*) 等同為他的特有概念「摺疊」(fold/*pli*)，以為「存在」即「摺疊」，是一種開與合、隱藏與不隱藏的運動。

德勒茲或許不是不對海德格的思想著迷，只是他對海德格在法國思想界被奉為神聖權威，甚為反感而已。如果追溯他的思想理路，德勒茲有興趣的哲學家，都大部分是非主流的，受到當時思想界所冷落的。除了尼采是個例外之外，德勒茲所研究的哲學家，如盧克雷謝斯 (Lucretius)、斯賓諾沙 (Baruch Spinoza)、休謨、柏格森 (Henri Bergson) 與萊布尼茲 (Gottfried W. Leibniz)，都不是法國思想界所熱中的人物。

在〈阿爾弗雷德‧雅里──被埋沒了的海德格的先驅〉(Alfred Jarry, un precursor desconocido de Heidegger) 這篇文章中，德勒茲開了一個不小的玩笑。他認為海德格有關對形而上學的超越、對全球科技的批判、對存在的意義及對語言的思考等理論，其實早已在一個不見經傳的哲學家雅里 (Alfred Jarry) 的著作中，被深入地討論、發展。這種論調無疑是對那些把海德格奉若神明、視為

偉大開創者的海德格信徒，澆了一盆冷水。德勒茲說，雅里很早就已經提出，現象並不依賴意識，而是源於存在。存在是現象的自我呈現和自我隱蔽。雅里亦有思考全球科技的問題，認為科技扮演著形而上學的新角色，逼令存在退隱。但同一時間，全球科技也是一個轉折點，在空言克服或打倒形而上學之下，它未嘗不是一個轉機，讓人類重新認識存在。總而言之，德勒茲在這篇文章不斷比較海德格與雅里的「雷同」，有時用雅里的理論去闡釋海德格，有時又以海德格的觀點去解說雅里；雅里與海德格、海德格與雅里，一時間兩人的面目模糊了起來，身分也不再那麼肯定了。海德格好像戴了雅里的面具，而雅里又好像長出了海德格的面容。表面的面具之後，誰也說不定是不是有確鑿無誤的真實。

　　德勒茲在回答一位評論家的信中說，他對那些被視為宗師的思想家的興趣，是「我想像我爬到這個作者的背部，為他製造一個孩子，一個屬於他的孩子，一個像怪物一般的孩子。」

第二章

一種語言裡的兩種語言

　　每一個語言裡面，似乎都包含兩種語言。第一種是溝通性的、資訊性的、再現性的。換言之，這種語言的最大作用是擔任一種中介的角色，把人類的思想，透過它的系統結構，傳遞出來。文字或者說話，是一種手段，最終以思想或意義或內容作為目的。第二種語言則強調表達性多於溝通性和資料傳遞性，它的存在很多時並不以再現思想意義為重任，有時甚至視本身的存在為終極的意義，而不再扮演媒介的角色。這種語言打斷了「以文字作為手段，以再現思想內容為目的」的傳統邏輯，呈現了一種模糊晦曖的狀態。

　　有人把第一種語言稱為「理性的語言」，是一種合乎日常生活規律、屬於社會公眾的語言，是科學的語言。第二種則被看作是「非理性的」，超乎通用邏輯的常規，沈溺在夢幻、私人的隱蔽領域之內，只能說是詩的或文學的語言。這種對立性的劃分，並不見得完全合理，更加不可以視為絕對，因為兩種語言之間其實有很多「妥協」，互相影響及滲透。科學理性的語言本身，不是想像中的清晰透明，而夢幻般的語言，也不見得完全不可以發揮溝通及傳遞信息的功能。但假如說這兩種「理性」和「非理性」的語言，其實不過是一個語言系統的兩面、是矛盾的整合，或許未嘗不對，但卻完全忽略了在現實生活中這兩種語言之間的鬥爭及壓逼關係。

　　語言──特別是「理性」的語言──往往與主體的產生構成密切的關係。一個人能夠運用語言來傳達思想和意見，透過語言與他人溝通及交換信息，並憑藉語言來理解與接受外在世界的事物，他已經是一個認知主體了。主體性的建立，很大程度上是以

「理性的語言」為基礎。但反過來說，一個人常常胡言亂語、辭不達意、語而不清，無法以言語讓他人了解，不單只不被社會認可為一個有獨立思考及判斷力的自主性主體，還極有可能被視為精神有問題，而遭長期囚禁在瘋人院裡。換言之，如果一個語言系統真的是具有兩面性的話，那麼它黑暗的、「非理性的」一面就根本不受社會所承認，而長期處於被壓抑、被禁制的境況，稍一浮現，便立刻受到封殺。「非理性的語言」比較能夠光明正大地出現的地方，往往只限於在文學藝術作品裡面，然而過分離經叛道的文藝也不見得為文學界所接受，更不用說在日常生活中，「非理性語言」只會被看成是病態、瘋狂。

　　傳統的語言學，其實建基在否定性之上。它的信條是：有些話是不能說的。強調文法句構標準性的人總是說：「這句話不合文法，有錯誤，不夠清通。」「不能說」固然為語言劃定一個範疇，也為語言學制定了一個明確的研究對象，不過「不能說」也等於「不許說」，對那些不能被歸納或界定的事物，加以排斥和壓制，不容許有其他生存空間。然而，這些被排擠或受封殺的「非文法」元素卻像鬼魂般，對語言文法纏擾不休，往往驅使說話的人「犯錯」，走出文法規律的藩籬。語言學彷彿是一種劃界的工程，把合乎文法與非（文）法的分子強行地分開，企圖訂立一個語言的保護區或安全地域。可是，語言的複雜性卻不容易讓這種分區得到永久太平，「不能說」的東西經常入侵，使用語言的人也無法長期遵守文法的戒條，而不會做出越軌的行徑。

　　語言本身亦有調節機制，隨時把那些越軌的行為矯正，把不合乎文法、沒有意義的東西，納入文法的軌跡之中，重新安排意

義，固定化在一個語意單元之上。故此，不少人認為，語言（或它理性的一面）是法西斯主義的，本質是獨裁統治，並帶有強烈的壓制性。而這種「獨裁統治」的法理根據，就是依賴一個以理性、文法與意義為標榜的中心。但最大問題是，這個中心卻未必如它表面上理性。當代理論的其中一個矛頭，便是指向這法西斯的語言核心，試圖診斷它的本質。

　　一方面語言的基礎建立在排斥性之上，限制某些說話不能說，規定某些說話才合乎文法，但另一方面，又差不多沒有什麼是不可說的，只要你可以說出來，只要你隨時準備打破語法的界限。這正是語言的悖論。日常生活的倫理道德的檢查與壓抑，令語言有所約束，不是每一件事都可以由口中說出，但道德檢查也會有放鬆審查的時候，不可說或不能說的往往從笑話或夢境之中出現。前者（笑話）是公眾的，意味著人基本上慾求在規律秩序以下（即使是偶然的）自由與解放；後者（夢境）是私人的，證明意義其實並不由認知主體所操控，而能自行編織一個認知邏輯以外的文本。

　　在當代西方理論之中，常常有這樣一句說話：「不是我們說語言，而是語言在說我們。」語言不是任意讓我們運用的工具，相反，我們成了語言的奴隸，這是主客的位置對調。人不過是活在語言的牢獄之中，思維與社會交往都完全受語言所支配，而仍然懵然不覺。德勒茲認為語言的功用是要人服從，以及行使命令，而不是傳遞資訊。在強逼性的教育制度下，一般學生從語文課中所學到的，不外是一系列二元對立的文法，如男性／女性（在法文中，所有字詞都有男女性別之分，例如雲 (nuage) 是男性，雨 (pluie) 則是女性）、單數／眾數、主詞／動詞、主體／客體等等。語言，對

德勒茲來說，是「口令」或「口號」(order word/*mot d'ordre*)，作用是下命令或建立秩序。

　　語言總是與當權者密切合作的。當權者以語言作為「口令」，不是要說服你相信他，而是表示你最好同意他所說的一切。法例的頒佈往往與法例本身是否合理或真確，是扯不上太大關係的。法例的頒佈只清楚說明，什麼應該遵守，什麼應該維持。在德勒茲的眼中，語言的實際作用不是溝通和傳遞信息，而是發號施令，要求服從的。我們從小開始，便知道學習語言是一個訓練紀律的過程。成年人（包括父母、老師或其他長輩）只會告訴我們如何遵守文法上的規則，告誡我們哪些話不可說或不要說，怎樣跟循好的或所謂標準的語言的模範。因此，語言基本上就是與權威重疊。語言的最基本形式，不是思考判斷，也不是情感表達，而是命令、指揮、控制、服從、否定或肯定。語法規則首先是權力的標誌，其次才是句法上的標誌。溝通和傳遞信息，只是用來強化命令的準確性和絕對性。

　　或許有人認為德勒茲對語言的看法，未免過分偏激，失卻了科學的客觀性。真實的語言，並不是德勒茲所描繪般的可怕和充滿壓制性的。這種反駁也許有一些道理，不過我們必須理解德勒茲的語言觀本身產生的背景。首先，他對語言學的觀點，是有特定針對性的。他所針對的是傳統語言學一味強調本身的學科是絕對客觀科學的謬誤。其次，德勒茲對語言的興趣，並不在於語言的本質性問題。他要質詢的，不是「什麼是語言？」而是「在什麼情況下，在何時何地，語言如何運作，怎樣發揮作用？」他關心的是語言運作與社會背景的問題。

　　傳統的語言學是維持既有建制的一個重要論述，表面上宣揚追求真理，探尋語言的真實性，因而假設必然有一個永恆不變而又合乎理想的真理存在。自從瑞士語言學家索緒爾 (Ferdinand de Saussure) 的重要著作《通用語言學課程》(*Cours de linguistique générate*) 面世後，更為語言學一貫強調的科學客觀性及科學理性，加固了基礎。索緒爾認為，相較於其他科學（如心理學、人類學、語文文獻學等），語言學是一門更具「科學性」的科目。原因是語言學是先找到它的獨特觀點，然後才確定這門學科的研究對象；相反，其他科學是先花費氣力尋找研究對象，然後才達至特定的觀點立場，故此整體統一性不及語言學般充分。造成這種分歧──對索緒爾來說是語言學之所以有這種優越的地方──是語言學除了研究日常使用的具體語言外，同時亦十分重視語言的整個符號系統。日常的用語變化萬千，又因人而異，表面上看來毫無聯繫，語言學家如果不能掌握整個語言系統，根本對日常語言的研究無從入手。索緒爾把日常使用的詞句稱為「言語」(*parole*)，而整個規範不同的語言使用者的符號系統，則稱作「語言系統」(*langue*)。

　　「語言系統」規範了千變萬化的「言語」的意義。這個潛在的結構或系統，大大增強了語言學研究的效率性和控制性。其後的語言學家更大力發展這個「語言系統」，如美國的喬姆斯基 (Noam Chomsky) 索性叫這個系統為「能力」(competence)。他假設在一個同質的語言社群裡，任何一個理想的言語使用者，都具有掌握母語的「能力」。這種「能力」是人類與生俱來的，作用是學習母語，並透過母語的使用，來表達自己。喬姆斯基認為「能

力」是一種「思想上的現實」，它潛伏在人類的語言之內，支配著我們使用語言的邏輯，也界定了人類的本質，以別於其他種類的生物，因為其他生物並不擁有這種「能力」。

然而，不論是索緒爾的「語言系統」，或者喬姆斯基的語言「能力」，它們都不容易被證明是千真萬確地存在。如果要證明「能力」的存在，我們就必須首先假定了「能力」已經存在，有了這種「能力」，人類便能自如地運用本身的母語。人類能善用自己母語的事實，卻並不能證明「能力」的存在，因為這種「能力」必須先於運用語言這個行動。故此，要證實語言「能力」的存在，只會陷入惡性的循環邏輯之中。

事實上，索緒爾早已清楚說明，語言只是一個形式，而不是一個實物。他又說，在語言之中，只有差異或相對性，而這些差異又完全不可以由正面或實證的標準來衡量。換言之，差異都是負面的，並不具實質性，而語言符號本身是十分任意的，並無一個絕對肯定的價值標準。不過問題是，語言學的發展，為了確立它的科學性及權威地位，一味追求系統或模式上的研究，而掩蓋了它內在的虛無任意成分。德勒茲的目的，就是要揭露語言其實是一個混雜多元體的事實，將語言從結構系統的規範中解放出來。

語言學同時亦過分強調對語言的橫切面式的研究，有意忽略語言的歷史與政治意義。所謂橫切面式，以索緒爾的術語來說，是「共時性」(synchronic)。「共時性」是相對於「歷時性」(diachronic) 而言。索緒爾認為過往的語言學只注重歷時性的、進化論方面去研究語言，缺乏對語言狀況本身的考察。「歷時性」的研究只著眼於事件與事件之間的關係及連續性，缺乏一個完整的

系統觀念。只有「共時性」的語言學才有能力把並存的事物連結起來，關注它們之間的邏輯及心理關係，建立完整的系統。因為符號本身是十分任意和偶然的，本質上並沒有永恆不變的價值，所以語言學更加需要將符號研究限制在一個橫切面的特定系統，尋求符號與符號之間同時並存所產生的關係。正如索緒爾所說，符號本身是沒有固定意義，它的意義完全是與其他不同符號所對比而產生。因此，差異的對立是在這個結構系統裡，唯一能夠產生語言意義的重要元素，這亦可以解釋，為什麼以後的結構主義思想，總是以二元對立 (binary opposition) 作為最重要的概念，因為語言的聲音、詞藻和意念永遠是處於對立或對比的狀態。單獨一個元素是不可能表達任何意義的。

　　表面上看來，「共時性」與「歷時性」是兩個完全不同的系統，前者著重兩個同時存在的元素之間的對立關係，後者則只關心一個元素的進化性演變。然而，在索緒爾眼中，「歷時性」的陳述其實是衍生自「共時性」系統的。原因是，一個古字演變進化為一個現代的日用語，完全是依賴符號與符號之間對立產生的意義。古字與現代日用語之間其實有一個「共時性」的身分關係，因為一個字的演化無法脫離差異對比的結構。索緒爾說，拉丁文裡的「熱」(calidum) 這個字，進化為法文的「熱」(chaud)，儘管發音上有改變，但也不能超越「共時性」的對立狀態。

　　雖然索緒爾認為「歷時性」源自「共時性」，並強調「共時性」在語言學中的重要性，但這並不表示他完全忽視語言的歷史意義。相反，他認為語言系統在歷史進化的過程中，並不是主導性的。真正的改變，來自言語，來自日常變化萬千的語言實踐與

應用。是這些具體又不可預測的實踐應用,帶動語言結構的改變,而不是語言結構導引這些歷史變化。換言之,索緒爾的共時性系統,也不是一般人想像般的完全封閉自足,不受外來元素所左右的。即使索緒爾重視歷史的改變對語言系統的影響,但這不等於說他有考慮系統本身的意識形態傾向。

不少評論者就認為,索緒爾的語言系統建基於「抽象的客觀主義」之上,一味強調理性思想,把一切特殊及獨特的言語完全標準化、劃一化。索緒爾更被批評為沒有清楚說明語言系統是如何受歷史時間所改變,只是籠統地含糊說歷史的重要,實際上他設計的語言系統,仍然是一個恆久不變的死板形式,缺乏對外在的社會政治因素衝擊的包容性和彈性。對一個語言使用者來說,他或她所關心的不是永恆不變的形式,而是應用語言時的具體社會環境,以及語言的彈性與變化適應程度。此外,索緒爾又遭受批評為,他的模式只顧及個人主體的語言行使,而沒有兼顧到人與人之間的集體溝通問題,缺乏了對社會現實中語言實際運作的考慮。由於時代的局限,索緒爾的語言學亦沒有觸及少數族裔如何應用主流的大眾語言等問題,譬如美國的黑人英語,就與主導性的白人英語系統有頗大的差異,這都是固定的語言系統觀念無法企及的。

德勒茲認為,結構主義語言學所強調的科學模式,其實是一徹底的政治模式。這個模式把語言統一化、牢固化及標準化,把語言變成為與權力、主導性思想合流的論述。德勒茲著重的是語言與「外在」元素的關係,而這些「外在」元素卻不是空間上處於語言系統之外的不穩定物質,而是語言系統裡本質的、固有的

變異性東西，令語言系統長期地反覆不定。以「我發誓」這個陳述句為例，由一個小孩對他或她的父母說出，或由一個男子對他的愛侶說出，又或由一個證人在法官面前說出，種種不同處境已令這個陳述句產生相當差異的變化了。

　　語言的實際運作，不在於感受與說話之間的聯繫，即所謂說出一個人所見所聞的感受。德勒茲認為語言的運作不是想當然般直接的，相反，是十分間接的，一味在覆述與再覆述之間不斷糾纏。他引述邊門尼士特 (Émile Benveniste) 有關蜜蜂「互相溝通」的例子：一隻蜜蜂發現了可以採蜜的花朵後，立刻飛返蜂巢，跳著弧形繞圈的舞步，告訴其他在蜂巢的蜜蜂，有關採蜜地點的距離與方向，然後一起出發去採蜜。不過，邊門尼士特卻發現，儘管蜜蜂有牠們共同的符號和詞彙（如牠們的舞步），但蜜蜂之間是沒有對話的，一隻蜜蜂告訴了另一隻蜜蜂有關採蜜的地點後，牠是不會收到任何答覆的。同時，只有那隻真正到過採蜜地方的蜜蜂，才能夠向其他蜜蜂傳遞這個信息，其他沒有到過那個地方的蜜蜂，就不能夠向其他蜜蜂覆述這個信息。邊門尼士特於是認為，蜜蜂其實是沒有語言的，因為語言並不限於單向的傳遞。語言是可以由第一人講述後，再由第二者轉述於第三者，第三者又覆述於第四者般，無止境地傳訊下去。邊門尼士特說：

人類語言的特徵是創造一個經驗的替代品，讓這個替代品在時空之下永無止境地傳遞下去。這就是我們象徵符號的本質，也是語言傳統的基礎。

　　順應這個例子，德勒茲發揮地說，一切語言都是間接的。語言不是要傳達個人所見，而是覆述你所聽到的或別人告訴你的事情。人類不是蜜蜂，人類使用語言主要在間接地覆述——覆述別人告訴我們的事情、覆述傳統規律要我們說的話、覆述一個命令。所以，德勒茲說，語言不過是「口令」。

　　由於語言是間接性的，我們的說話之中其實包含了其他人的說話。語言不是由個人有計劃地獨自創造出來的，一句說話其實包含了很多歷史時間及集體智慧。我在某一個特定時空說某一句話，事實上已暗中潛藏著無數的時間和空間的匯集，也不單只是我一個人在說話，而是眾多張嘴在喧鬧著。換言之，一個聲音之中已存在著眾人的聲音。自言自語永不是寂寞的，因為任何一句說話都是「集體的裝配」(collective assemblages/*agencements collectifs*)。

　　患有精神分裂的人，常常感覺到有很多聲音在腦海裡對他說話。以德勒茲的角度看，每一個使用語言的人都是潛在的精神分裂者。德勒茲未必像一些論者所認為那般，把精神分裂的人視為當代最偉大的反叛英雄，而加以膜拜，因為精神分裂並不是一個可以自由選擇的身分，亦不是一個需要努力奮鬥而達致的被認可的地位。精神分裂其實是潛伏在任何一個人心裡的不穩定狀態。它的存在威脅著以理性的語言及意識為中心的自主性主體的結構。當一個人變成了精神分裂者，他已不必對他所言所行、所作所為負上任何責任，因為他不再可以支配自己，無法作出自由及理性的選擇，而任由其他聲音或精神所操縱。戰後的納粹黨徒或文化大革命的紅衛兵，都強烈地覺得自己是無辜的。因為他們認

為自己就像一個精神分裂者，在殘酷的政治運動，完全不受自己的理智所控制，任由偉大領袖的擺佈，接受命令或者召喚地做出種種暴行。他們認為自己才是受害者，對過去的所作所為並不感到罪疚，因為他們的行為甚至思想都是受他人的命令所主宰。

這樣的精神分裂者當然很難會被看作是英雄，但德勒茲要說明的是，這種精神分裂徹底地拒絕了社會的既有道德與價值，挑戰著以理性的人為中心的思想。語言是一種「口令」，語言是有獨裁性的，它支配著人。不是我們說語言，而是語言說我們。我們並不是主體，語言把我們變成精神分裂者，也會把我們變成愛好強權暴力的法西斯主義者。法西斯不僅是一個特定的歷史現象，也不是某一個國家、某一個民族、某一群人的專利。法西斯可以在任何時候、任何地點，在我們任何一個人之中出現。對德勒茲來說，語言是法西斯的，它有強烈的支配性，每一句說話都有強加的操縱與秩序。

基本上德勒茲要告訴我們，語言是暴力的；要討論語言的問題，不可能脫離權力關係或權力鬥爭這個層面。既然有關權力，就必然有所行動。一個陳述句已包含了行動的可能性。德勒茲說這種陳述句裡頭的行動，是一種內在的行動，而不是外在的或附加性的。他的意思是，這個內在的行動不是由陳述句所引起才產生的，也不是因為某個人說了一句話，然後再去做點事情來配合這句話。相反，陳述句與內在行動是結合在一起的，它們不是因果的關係，不是先有了陳述句，之後才引致行動。陳述句與內在的行動是同時並進的。當法官對被告說：「我要宣判你……（十年監禁或死刑）」時，這個陳述句本身已是一種行動、一種無形體的

改變。換言之，這個陳述句本身已是實際的、有形的行動。它把一個被告的軀體變成一個罪犯的軀體。當有人對你說：「你已經不再是小孩子了」，或者當你在辦公室時，有人向你告誡：「你現在不是在家裡呢」，這種種陳述句其實都是有形的行動，並帶來了無形的改變。你由小孩的身體變成成年人的身體，不是因為你突然間快速成長，而是由於語言的陳述，把一種秩序或形式改變了。這種改變也是由「口令」所推動。

語言作為「口令」有兩種模式：一是規限性的，一是解放性的。規限性的「口令」是與懲罰或死刑分不開的。權威的上司向下屬說話、父親對兒子說話、校長向學生說話：「我要你幹這些東西」或「你必定要做好這些事情」。這些命令性的說話都是帶著死亡威脅的，儘管這種死亡有時只是象徵性的（例如被撤職、被逐出家門、被勒令退學等等）。規限性的「口令」為主體劃定身分及固定的存在形式，企圖稍一越軌，便隨時會遭受死亡的裁決。

解放性的「口令」卻代表一種改變、一種擺脫規限的自由。解放性的「口令」不是「口令」的對立面，而是「口令」的一個部分。有了這個「口令」(password)，我們可以通過層層森嚴的警戒線，暢通無阻，獲得自由。語言被推到極限，便會發生變異，出現了這種解放性的功能。一個字被抽離了它日常使用的規範模式，變成了一個純然的符號，但卻逃出了意義及表達範疇的控制。語言的權力關係被推至極限，同樣會產生變異及解放的功能。下級無法再接受上司的命令，寧願面對死亡的要脅。死亡是規範的極度界限，超越了這條界限，也就是逸脫了規限的支配。德勒茲說，所有文字都具有這兩種性質，文字既喜歡通行無阻，又喜歡

設立重重關卡。他的任務是要在這些關卡之中建立通道。

為了更清楚地剖析語言的限制性與解放性兩面，德勒茲挪用了丹麥語言學家嚴士雷夫 (Louis Hjelmslev) 的四重式的符號運作觀念。取代了傳統觀念的「內容／形式」對立，又複雜化了索緒爾的「意旨／意符」 (signified/signifier 或 *signifiant/signifié*) 的二元系統，嚴士雷夫提出了四個相互重疊又牽連的符號作用，以打破語言學的二元對立思維，並試圖證明語言是包含在一個比二元對立複雜的社會政治體系之中。這四個符號作用，分別是「內容－形式」(content-form)、「內容－實質」(content-substance)、「表達－形式」(expression-form)、「表達－實質」(expression-substance)。過去的語言學家都把內容與表達當作是兩個獨立體，索緒爾更認為內容（即思想）及表達（即聲音）先於語言而存在，而所有民族的語言都是在內容與表達之中， 人為地抽取元素來建立意旨和意符。

嚴士雷夫卻有不同的意見，他認為內容與表達是互相依賴而不是獨立的。一個內容之所以是內容，因為它是可以表達的內容；一個表達之所以是表達，因為它有內容可以表達。如果我們只思想而沒有說話，那種思想便不是一個語言的內容，亦不能產生任何符號作用；如果我們只說話而不思想，那堆說話只是一串聲音，而不是語言上的表達。嚴士雷夫補充說，沒有內容並不等於沒有意義，同樣有內容的表達，也可以是沒有意義的。

總而言之，嚴士雷夫強調內容與表達並非互相獨立，符號的作用依靠兩者的結合。他把內容與表達再細分為四個符號作用，是要特出它們的連續統一性。這種更精細的劃分固然能幫助語言

學家，更科學地研究語言的複雜運作。德勒茲不是語言學家，亦
反對語言學的系統控制觀念，他借用嚴士雷夫的術語，目的不是
要強化語言學的科學客觀性。相反，德勒茲希望借助嚴士雷夫的
觀念，為語言引入更多變數，衝激那些僵化不變的限制，令語言
真正變成一個無定型的存在體。語言作為「集體裝配」，包含了內
容與表達。內容是一系列肉體實質的轉變，而表達則屬於非肉體
非物質性的變化，這些變化都在不同的處境產生規範化或解放性
的功能。內容與表達緊密結合，互相衍生繁殖，構成了語言的密
密麻麻及重重疊疊的「地層」(strata/*les strates*)。德勒茲對語言的
興趣，就像一個地質學家對泥土大地的興趣般，他把語言看成是
一片層層疊疊、無窮變化的廣闊高原。他的工作是要為這塊地質
繪畫出一幅複雜又多變的地圖來。

地質學家自然不會滿足於只為大地畫出一幅平面的地圖，他
還要對土地作立體性的透視，追蹤山脈伸延的運動、探尋地殼轉
變的張力。德勒茲認為語言中的變幻因素是一種無形的張力，像
利刃的「張量」(tensor/*tenseur*)。「張量」是一個數學術語，是坐
標裡的一個不穩定元素。一個「張量」性的符號是由多種相互衝
突的張力所構成，它因此是難以被再現的。如果一個符號往往代
表著某些東西，又或者一個符號只代表著另一個符號，而另一個
符號又代表著第三個符號，如此這般，無窮盡地構成一條意符鏈
鎖，那麼「張量」性的符號將無法被納入這條鏈鎖之內，因為「張
量」性的符號打破了這種意義的標示關性。它沒有再現的功能，
不代表任何事物，只代表自己的單一個體，而它所包含的張力，
令它無法定型為穩固的意義符號。一般的符號以差異和對立的標

準來製造意義，但「張量」的符號卻不在乎產生意義，而只注重生產能量與強度，突破固有的意義框框，開拓新的領域。一般符號總代表著某種東西、再現著某種意義，但符號卻是非物體化的。符號的存在，其實表示了物體的消失。「玫瑰花」這個符號取代了玫瑰花的香味、玫瑰花瓣的顏色與質感，亦取代了玫瑰花的刺。「張量」性的符號並不等於真實的物體，但它不會像一般符號一樣，性質是把所有物體符碼化 (codify)，然後用這個符碼來模範及控制一切物體。「張量」性的符號並不再現或取代物體。它是單一的，與物體不產生示意的關係，它只生產強度能量，衝破符號系統鏈鎖的界限。

　　一個不示意的符號還算不算是符號？它還有什麼意義？「張量」的符號的價值正是它超越了一般符號的功用性質，挑戰著意義體系的絕對準則。這種挑戰是從語言內部產生的，正如德勒茲說我們要在母語世界之中變為一個外國人。他的意思是，不是不說母語，而是把母語說得像外文一樣。把母語變向外文，主導大眾的語言變向少數的論述。德勒茲不是強調大眾語 (major language/*langue majeure*) 與少數語 (minor languages/*langues mineures*) 兩者之間的對立及水火不容，而是說兩者其實沒有絕對固定的疆界；反之，它們有自由浮動的身分，能夠相互滲透。不過德勒茲總是說「變向少數」(becoming-minor/*devenir-mineur*) 或「變向女性」(becoming-woman/*devenir-femme*)、「變向小孩」、「變向動物」等等，從來沒有反方向的「變向」(如變向主導、變向男性、變向成人等)，因而引來一些不客氣的批評，認為德勒茲這些「變向」的論調，實際是他這個西方大白人男子的痴心妄想，目

的只是為主導論述及固有的權力中心尋找更大的生存空間。「變向」只是主流語言的特權、專利,因為只有主導語言「變向」少數語,少數論述卻無緣變為主流。德勒茲的批評者因此判斷,德勒茲關於少數語言和文學的理論充滿漏洞,根本無法用來探討真正的少數文學。

如果單以本質論的觀點來看,這些批評未嘗沒有道理。從德勒茲的論著中可以看到,他對其他非西方的語言和文學的實際情況所知甚少,即使偶有提及,也是頗為膚淺皮毛。但關鍵是德勒茲的理論很明顯是以針對西方思想體系為起點,並不容易可以隨便挪用到西方文化以外的範圍之中,而完全不產生任何排斥或衝突。批評者似乎也要先自問,為什麼會接受這些論理有普世性的絕對效用這種天真思想?德勒茲的理論不能全然套用到少數語言的討論上,似乎不完全是德勒茲個人的錯失,批評者也應該負上部分責任,因為他們也應該先細心考慮不同文化結構的差異,而後才運用德勒茲的論說。

對德勒茲來說,主導語變向少數語才有意義,反過來的變向只會製造另一個新的主流,對瓦解權力核心及架構毫無益處。同時,德勒茲也解釋說,「變向」不是模仿,也不是同化,所以不是一個單向的過程,也不是二元對立的模式。他以黃蜂與蘭花的變向為例:黃蜂與蘭花相遇,黃蜂從蘭花中採蜜,黃蜂變為蘭花繁殖機器的一部分,而蘭花也變為黃蜂的性器官一部分。兩者形成一個獨特的變向過程,是一種對話。它們兩者的變向關係在於「與」(and/*et*) 這個連接詞上。「與」對德勒茲來說,不是一個簡單的連接詞,而是近乎一個「張量」的符號,它包含著黃蜂與蘭

花交接的無窮變數。「與」本身就是變異，它不是非黑即白，而是非黑非白，也可黑可白。「與」是一個過渡、一種聯繫，也是一堵阻隔的牆、一塊狹路爭鬥的領地。「與」本身就是一個複雜的變向，一條逃走的線，從僵化的二元對立之中逃走出來的線路。

　　德勒茲說，即使我們生活在一個統一淨化的語言世界之內，我們也要變成「雙語」。這裡「雙語」不是指母語與外語兩個獨立語系的並置，而是指怎樣讓母語變向外語，怎樣把母語說得像外語一樣，怎樣在母語之內尋找出一種異化的語言。沒有任何一種語言是完全同質和純正的，德勒茲的意思是要我們找出語言的異質，搞混看似純正的語言的秩序，甚至在這種主導語言之中創造另一種少數語，打破主流大眾語的壟斷性。

游牧的名字

　　認知主體往往要依靠理性的主導語言，來證明本身的合理存在和具備理智與思維。當某人在說：「我認為……」、「我想……」或「我的意見是……」，這些話除了表明某人正在思索或表達之外，這人也同時透過語言肯定他這個「我」的存在。語言幾乎是「我」這個認知主體建立身分的重要支柱。但如果「我」這個主體認為自己必然安穩地奠基在語言之上，就未免過分樂觀了。

　　語言學家邊門尼士特提出了一個關於「我」的有趣觀念。他說，當兩個人在對話談天時，你一言我一語，從語言上建立的這個「我」的認知主體身分，立刻就變得不那麼安穩固定了。因為當甲在說：「『我』覺得你很漂亮」，而乙也在回應道：「『我』也認

為你非常美麗」，這個「我」已不再屬於單一個人的自我身分，而是甲和乙的共同擁有物了。邊門尼士特認為，只有當某人在說「我」的時候，「我」才在語言中存在，而它的價值及意義也只在於這一刻，而絕不是一種恆久可靠的存在。人類或許是借助語言來構造本身的主體身分（相對於動物野獸沒有表明自我的語言），但以語言為基礎的自我，卻不是一個穩固不變的存在現實。

「我」在語言的運作之中，只是個流動的代名詞，是邊門尼士特所說的「轉換體」(shifter)，只存在於說話的一刻，並沒有客觀具體的現實。「我」這個「轉換體」僅僅是個空洞的符號，要由不同的人在不同的時刻，用說話去填滿。語言上的「我」，故此不是統一認知主體存在的保證。

尼采在一封致友人的信中說：「我是歷史中的所有名字」(*jeder Name in der Geschichte ich bin*)。

一個「專名」(proper name/*nom propre*) 往往等同於一個完整統一的身分，指示著一個獨一無二的存在。儘管我們有很多綽號或諢名，但真正能夠代表我們獨立存在的，也只是一個「專名」而已。中國儒家傳統重視「正名」。名不正，則言不順；言不順，則事不成。由此類推，沒有了表示身分的名字，什麼事情也不會辦好。為什麼尼采會說我是歷史裡的所有名字呢？難道尼采真的瘋了？我怎可能又是拿破崙，又同時是希特勒的名字呢？然而，當「我」也只是個「轉換體」，名字作為一種指示符號，也不見得可以不受波動。

哲學家克普基 (Saul Kripke) 在《命名與必然》(*Naming and Necessity*) 中，提供了兩種名字的概念。第一種是描述性的名字，

第二種則是非描述性或甚至反描述性的。描述性的名字，是指名字與被命名的事物有一個和諧協調的關係。「桌子」之所以名為「桌子」，因為它的特質可以被明確描述。「桌子」之所以名為「桌子」，因為它有某種特殊的形狀及功能。在街上用四條腿走路的有尾動物，不可以叫做「桌子」，因為這隻動物沒有「桌子」所獨有的可被描述的特徵。

　　非描述性或反描述性的名字，卻未必與被命名的事物維持著一個協調的聯繫。換言之，當某個被命名的人或物，即使沒有了某種可被描述的特徵，他或它仍然沿用著既有的名字。在反描述性的概念下，名字與事物之間的關係純粹是偶然的，而沒有任何必然性存在。一個叫「河口」的城市，如果因為河流的地理改變，已經不再處於河的出口，卻依然可以叫作「河口」。另一個例子，「牛頓」(Issac Newton) 這個名字代表了那個證明了地心吸力說的理論家，但假如這套理論其實是由牛頓的朋友史密狄所發明的，牛頓然後把史密狄謀殺了，侵吞了這套理論，向世人說這是他的發明。在這種情況下，雖然可以被描述的特徵已經不再吻合，「牛頓」這個名字仍然是指「牛頓定律」。即使名與物已脫離了互相協調配合的關係，但「牛頓」這個名字，因歷史傳統的積習，照樣會沿用下去。

　　描述性的理論，相信名字與被命名的事物之間，有一種內在的和必然的關係；名字是有意識地去描述被其命名的事物。相反，非描述或反描述的理論，則認為名與物之間的聯繫，純然是外在的、偶發和機遇的。名字只是一個「頑固的指示物」(rigid designator)，它與內容未必有任何聯繫。為什麼一個人的名字叫

「國強」？這與他的性格或生活有什麼必然的關係？如果碰巧這個叫「國強」的，身體又不太強壯而又生在一個窮國的話，他難道就不可以再擁有「國強」這個名字？

　　名字所指示的不是一個意旨，也不是一個特定的內容。名字只是一個指示，而不是一個內涵。名字所指示的，是「這裡」、是某些事情在「這裡」發生。「這裡」是一個沒有特定意旨或內容的空間，它是零度意義的，並沒有任何客觀指涉。它沒有特定意義，卻潛藏無窮的多重性。德勒茲說，名字是對多重性的瞬間領悟。一個名字就是一個潛在的多重性。對德勒茲來說，如果名字是個「頑固的指示物」，它所頑固地指示的，卻不是一個統一完整的身分或一個穩定的主體，而是一個浮游的多重性 (*multiplicité*)、一個變向的過程 (*devenir*)、或者是一個碰運氣的點 (*point aléatoire*)。「名字」是一個動詞，而不是一個名詞；它的功能不是要指示種類的特性，而是要發揮速度、動力性和張力。名字代表的，不是一個單元固定而又獨立的個體，而是標示著流離不止、連綿不息的和互相關連的流量與動力。歷史，以德勒茲的觀點來看，不是一個獨立名字接另一個獨立名字的延續（拿破崙、希特勒或者秦始皇、毛澤東等等），而是一系列流質力量與狀態的運動。所以德勒茲引述尼采說：「歷史上所有的名字，都是我……」(*tous les noms de l'histoire, c'est moi...*)。

　　這個「我」當然不是一個獨立一統的主體，而是變化的多重性。名字並不指示個體，德勒茲說，相反，個體要開放自我，讓多重性滲透全身，才可以真正擁有名字。德勒茲要致力的，是解放名字的單一指示功能，尋找名字的內在多重性。他引述了《愛

麗絲夢遊仙境》 (*Alice's Adventures in Wonderland*) 的一段對話，
去說明名字所指示的無窮性及不定性。武士要告訴愛麗絲，他將
要唱的歌曲的名字：

「歌曲的名字叫『鱈魚的眼』」──「啊，這就是歌曲的名字，對
嗎？」愛麗絲說，嘗試做出有興趣的樣子。──「不，你不明白
了。」武士說道，樣子有點惱火，「那是歌曲名字的『名稱』。真
正的名字是『年老的老人』。」──「那我該說『歌曲的名稱』
了？」愛麗絲改正了自己。──「不，你沒有這個必要，那是另
一回事！歌曲的名稱是『道路與方法』；但這只是『名稱』而
已！」──「噢，那麼這歌是什麼呢？」愛麗絲說道。這時的她
已經完全被弄糊塗了。「我正是要說給你知道。」武士說，「這歌
真正是『坐在閘口上』！」

　　愛麗絲以平常人的態度，以為一首歌曲就有一個名字，但她
卻不知道名字本身又有名字：甲的名字叫乙，乙被稱呼為丙，丙
叫作丁……無窮無盡，是一系列名字的實體。這種無盡系列的邏
輯 ($n_1 \rightarrow n_2 \rightarrow n_3 \cdots$)，常常見於小孩子的問題上。小孩子問成年人：
為什麼要我吃藥？成年人說：因為你生病。小孩子：為什麼我生
病？成年人：因為你感染了細菌。小孩子：為什麼我感染了細菌？
成年人：因為我忘記給你多穿件衣服。小孩子：為什麼……？成
年人：因為……這樣的問答將會無休無止，直至成年人辭窮，而
要使用權力，不准小孩再繼續下去。但是，語言本身卻是具有這
種無限的擴散繁衍的力量。專名的喪失（或者說是名字單一指示功能

的喪失），正是愛麗絲的驚險旅程裡，不斷要面對的冒險挑戰。名
字指示另一個名字指示再另一個名字，固定的意義最終也未必可
以找著。這是名字的游牧。

如果主體的統一性代表了一個封閉性的內在空間，名字的功
能不是要鞏固這種內在性，給它一個明確身分，為它多加一堵圍
牆；相反，名字的作用是向外邊開放，打破劃定的疆界，分解佔
據的領土。名字是城市游擊隊，它滲透各個階層，對抗市政府的
極權統治。名字也是塞外的遊民，不容易受中原文化的制約。

名字是一個缺口，從此岸到彼岸，製造了一個懸疑。名叫「美
麗」的女子，可能只是一個空虛的承諾、一個不能實現的希望。
名字把另一個時間引進自我封閉的穩定主體之內，主體彷彿要與
外來的異族共處一室，不停地面對緊張與張力。名字所指示的，
是有力量或運動在「這裡」發生，但變向何方，卻沒有絕對的定
向。一個專名教我們認識到我們其實並不是我們自己想像的模樣。
我們不過是變向他人 (devenir-autre) 的面具或名字。「我是歷史中
的所有名字」，其實可以解釋為「我是歷史的所有缺口」。「缺口」
不是缺陷，而是對外開放的出口。名字向種種可能性開放，向種
種在歷史上懸而未決、沒有定斷的可能性力量開放。游牧的名字
四出去尋找它的可能性，與其他力量相遇、結合或者排斥、分歧、
擴散、回歸，然後再出發。

德勒茲透過他對語言和名字的特殊看法，企圖為游動而不止
息的力量，製作一個 「圖表」 (diagramme)。語言不是固定的靜
物，而是充滿了動態。他早期的著作《意義的邏輯》(Logique du

sens) 也可以譯作《方向的邏輯》，因為法文 "sens"，既是意義，也是方向。語言的衍生，往往指向出人意表的方向，而不是聽命地跟循一條直線的示意。

西方的語言學，一直受著柏拉圖的哲學觀點所影響，以為可以分得清什麼是真實、什麼是虛像、什麼是原本、什麼是複製。衡量語言，是以其對意念的相似性作為標準。但對德勒茲來說，語言不是由相似性所決定。語言的重要性，不在於是否與某個意念相似，而是在它的派生。語言是個活生生的軀體，它成長、發展、變化、繁殖以至腐朽。它讓情感與慾望在它身上游動、相遇、集結或分離。它可以算是一個「沒有器官的身體」(body without organs/*corp sans organes*)，因為它沒有既定的組織，不像那些已經有組織／有器官的身體 (organized bodies)。不過，沒有器官、沒有組織，不等於沒有意義、沒有方向。語言的衍生流動，必然指向某種意義。但這種意義卻不是個固定的實體，而只可以看成是一個不斷發生的「事件」(*événement*)。

「事件」往往有雙重結構。每一個事件，都有實現的時刻，具體化為某個事情，或某個人物，重點在發生的這一刻或現在，這是「事件」的第一個結構。另一個結構卻是反實現而行，沒有具體的事情和人物，時間性也不可以由現在所涵蓋，過去與將來匯聚在這一刻之內，只是一堆堆不具形體的混雜，存在於任何一塊地方，卻沒有特定的存在，是純然的力量未遇上形體，是無字的語言。德勒茲的看法是，語言的意義就是「事件」，有具體的時刻，但也有類似幽靈一般的存在。不過，德勒茲顯然注重「事件」的第二個結構，企圖讓意義從具體的有形事物解放出來。

　　被解放的意義，或許便是「沒有器官的身體」，它是有機物，但卻沒有組織部分，是單一體 (*singularité*) 與單一體的無數蘆集，隨時變向多重性。「事件」不是具體的存在，它沒有深度也沒有高度，只是一層表皮。不同變異的力量在這層表皮上集結或運動。它薄薄的一層，就像愛麗絲夢遊仙境裡的那面大鏡子，這一面照著現實古板的世界，另一面就是古怪荒誕的意義邏輯。德勒茲要說明的，是意義荒誕的一面其實並不真正在另一面、在另一個與我們距離遙遠的世界之內。相反，這個胡言亂語、沒有意義 (*non-sens*) 的一面，實際上與有意義 (*sens*) 的一面是完全沒有距離，也沒有分別的。把意義推到極限，就變成沒有意義。反過來也是一樣：在沒有意義的盡頭，也就浮現出意義。所謂「無中生有」，「無」中卻不會產生「無」，而「有」總是從「無」之中來。意義與沒有意義的關係，就像數學概念上的「莫比烏斯帶」(Möbius strip)（見圖）：

將一張紙條扭曲，然後再把兩端接上，便構成了一個「8」字的模式。如果讓一隻小昆蟲在紙的一面上走，牠走下去就會走到紙的反面那邊。意義的另一面是沒有意義，但它們卻不是正反相對的，

而是像「莫比烏斯帶」般，正反相連又相同的。

　　製造或產生意義的東西本身，往往是沒有意義的。它的存在，是要引起差異或衝突，令不同的價值或身分由此產生。它在意義的結構裡永遠是一個「空格」，用來比對差異，而不是實物。德勒茲認為每一個結構都由兩個系列組成，一個是意符的系列，一個是意旨的系列。在每一個系列之中，每一個名詞的存在都是與另一個名詞相對，而不可獨立存在的。詞的意義必定要依賴「空格」這個沒有意義的東西才可產生，因為一切意義都源於「空格」所製造的差異性。

　　德勒茲一再強調，意義不是字與世界的表意或再現關係。意義（或沒有意義）不是建基於以文字來再現世界現實這個規律之上。相反，意義的基礎是首先要從再現世界現實的束縛之中解放出來，讓文字自由運動，向四面八方擴散浮游，發揮最大的潛力。「神存在」和「神不存在」這兩個陳述句，在再現系統之中，有極大的差異，但對意義方向的運作來說，卻是一樣的。德勒茲說，意義並不真正「存在」(exister)，而是在「堅持」(insister) 或「維持」(subsister)。互相矛盾的說話，不可能「存在」於再現的現實世界之中，而只能在文字遊戲裡「堅持」著。當然，我們要留意，再現規律與文字遊戲絕不是兩個完全隔絕的世界，有時是再現規律把文字的流動壓制下來，有時則是遊走的文字不斷滋擾侵略著再現的現實世界。

　　真與假、對與錯這些典型的價值觀，並不跟有意義與沒有意義互相符合對應。語言的日常功能確實有分辨真假對錯的作用，但意義卻潛在於語言之中，跟語言的日常功能搗蛋、開玩笑。意

義並不指明，字與物並不產生聯繫。意義也不顯示，不會為說話者展示身分。意義更不分是非黑白，「圓形的四方」或「白色的黑色」，儘管荒誕，卻依然充滿意義。

意義是「呼吸的字」(breath-words/*mots-souffles*)、是「叫喊的字」(scream words/*mots-cris*)，卻不是示意或指明的文字。意義違反語言所要求的一般邏輯，卻擁有本身的一套內在邏輯。意義有時與反諷 (*ironie*) 結盟，增加向上飛升的速度；意義有時又與幽默 (*humeur*) 聯手，向下廣泛擴散。反諷最懂得模仿，模仿之中卻有充滿對權威的挑戰性：把正話說成反、把正規說成歪、把正義變成無意義。反諷是一切法規的顛覆者，專針對最高法規，用實際行動去取消正面意義。但反諷本身卻是精神分裂：反諷的說話與反諷的意義永遠不能合拍調協，只是一味互相排斥、鬥爭激烈。反諷的話永遠抓不住反諷的意義，反諷的意義也永遠追不上反諷說話的滑脫。反諷不能被理解為正面的意義，但反面的意義也不一定是它的最終答案。極端的反諷像龍捲風般，只將一切規律吹得暈頭轉向，卻並不留下固定的意義。法文 "humeur" 不僅是指幽默，也是指脾氣、性情、心境、情緒，以至人身體內的一種流動液體。因此幽默是情緒般地波動的、起起伏伏，並不留駐。幽默只處理能量的游動發放 (例如發笑)，而不是強調意義的穩定性。幽默未必是爆炸性的，但卻是能量的發放與運動。幽默像呼吸，凝聚在人體的橫膈膜，循環往返。

反諷是自我意識的失控，我不能說我所想的，我所想的我不能說。幽默則是意識的放逐或漫遊，指指點點，引動情緒，而不歸向一個穩定的結局。德勒茲的「意義」邏輯，並不簡單地等同

沒有意義，或放棄任何意義，一味虛無放蕩。相反，德勒茲告訴我們，不要只管追求明確絕對的意義或單一的答案，來填補我們心中的不安、空洞及恐懼，我們亦要同時去認識及承認意義的浮動多元本質，尋找意義的另一面的世界。

　　德勒茲引述波赫士的小說 《交叉徑的花園》 (*El jardín de senderos que se bifurcan*) 說：

在所有小說裡，當一個人面臨選擇時，他就要選取其一，而放棄其他可能性。但在徐憑的錯綜複雜的小說裡，他卻同一時間選擇了所有可能性。因此他創造了繁衍及分叉的不同的未來和時代，這就是小說的矛盾。例如方某隱藏了一個祕密。有個陌生人突然敲門，方某決定要殺死他。這自然會產生幾個不同的結果：方某把入侵者殺死、入侵者把方某殺死、兩個都倖免於難、兩個都同歸於盡等等。在徐憑的作品裡，所有可能的結局都一起產生；每一個都是另一個分叉的出發點。

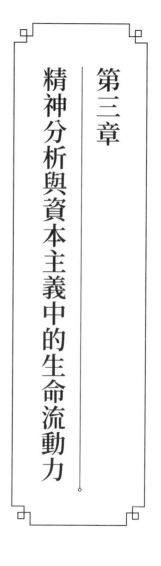

第三章

精神分析與資本主義中的生命流動力

　　六零年代末，德勒茲在巴黎第八大學樊尚分校 (Paris VIII－Vincennes) 開授「反伊底帕斯」這門課程。巴黎第八大學那時才剛成立不久，設備不算太完善，德勒茲就在哲學系裡開這門課，用一個很小的教室，卻引來大批來自不同學系的學生，每次講課，教室都擠滿了人。那個年代，心理分析學說在法國知識界已相當流行，這當然要拜拉崗的學說所賜。早在 1953 年開始，拉崗公開教授他的心理分析學說，提倡「回歸佛洛伊德」 (return to Freud/*retour à Freud*)；但他的所謂「回歸」，並不是古板因循或生吞活剝佛洛伊德的理論，相反，是個十分富創造性的再閱讀。在這個再閱讀（甚至是再創造）的過程，拉崗大量引入了當代哲學（如結構主義）、語言學、控制論及拓撲學 (topology) 等觀念，而且毫不留情地批評同代的不少理論學者及主流的精神心理病學說，牽起了不少爭論，也同時吸引了更大群的聽眾。

　　直至六零年代，國際心理分析組織 (International Psychoanalytical Association) 終於再也無法忍受拉崗那些極富爭議性的學說，決定取消拉崗的會席。那時已六十三歲的拉崗決定另起爐灶，宣佈成立巴黎佛洛伊德研究學院 (Ecole Freudienne de Paris)，於 1964 年開始教授他極為著名的「心理分析的四個基本概念」課程。「拉崗學派」亦自此更為特出。伽塔利是拉崗的學生之一，亦是反主流精神心理學的活躍分子及法國共產黨黨員。他於 1969 年認識德勒茲，兩人迅即成為好友，並決定一起合作搞些研究。德勒茲和伽塔利兩人都對拉崗的學說甚為欽佩，那時的德勒茲已經在構思著「慾望機器」這個觀念，而伽塔利亦對心理分析學的派系鬥爭感到十分厭倦，正欲找尋新的途徑，而正藉那時

拉崗亦受到各方面的攻擊，他們便決心撰寫一部論著，處理他們所關心的問題外，亦藉以支援拉崗。德勒茲在一次訪問中說：

這是拉崗自己說的：沒有人在幫我。我們就用精神分裂的方法去幫他的忙。我們揚棄了結構、象徵、意符這些殘破的觀念，這些都要歸功於拉崗。對拉崗來說，他總可以把這些觀念翻轉過來，揭露它們的底面。

在這個以拉崗的理論，作為一個起點的基礎上，德勒茲和伽塔利開始廣泛地大量閱讀不同的論著，互相交換意見及新發現的觀念。德勒茲更利用他講授「反伊底帕斯」的機會，在課堂上極具創意地發揮佛洛伊德、拉崗的理念及他對資本主義體制的看法。這樣經過了兩年半時間，德勒茲和伽塔利兩人在 1972 年，發表了《資本主義與精神分裂》 (Capitalisme et Schizophrénie) 的第一冊《反伊底帕斯》(L'anti-Œdipe)。第二冊原來打算定名為「分裂分析」(Schizo-analyse)，但卻永遠沒有出現。取而代之，是他們在 1980 年合作撰寫的《千高臺》(Mille plateaux)，而這部著作已經偏離心理分析的討論，注重制度運作機制的問題了。我們在這裡先討論《反伊底帕斯》。

「伊底帕斯」情意結（即所謂弒父戀母情意結），是佛洛伊德借用希臘悲劇的故事原型，來解釋一些精神病患者的心理行為的一個說法。因為佛洛伊德發現，他的心理病人很多在童年時代都憎恨雙親中的其中一個，而又愛慕另一個。於是佛洛伊德大膽地推理（閱讀過佛洛伊德著作的人或許都知道，這種大膽的幻想力，往往在他

的作品中出現），認為我們（父系社會的男性主體）在童稚時代的第一個性慾衝動，都是投射在母親身上，而第一個仇恨破壞心理，則是以父親為發洩對象。

由「伊底帕斯」原型展現出來的父親、母親及我（孩子）這個三角關係結構，逐漸成了心理分析學的主導性指涉框架，而這個三角結構亦充分配合西方資本主義制度下的核心家庭單位。換言之，主流心理分析學的發展，其實是密切地配合著資本主義制度發展的，而沒有對資本主義提出任何挑戰或顛覆的作用。家庭制度作為一個私人空間，實際上是與屬於公眾空間的資本主義制度互為表裡、互相配合。家庭裡的父親、母親及兒子的三角關係，其實縮影了資本制度中的另一個三角關係，即資本家／領導者（父親）、慾望客體／消費品（母親）及僱員／消費者（我）的象徵性關係。因資本主義制度所產生的反常或變態，被純粹解釋成只屬於私人或個體的精神心理病。主流的心理分析學，彷彿就是一個修理廠，把有問題有毛病的機件，用一套劃定的解釋去治理或定位。可以修理好的，便送返資本主義制度中作正常運作；無法修理的，就用一套有系統的方法來加以控制，以防止對制度本身可能產生任何破壞性。

《反伊底帕斯》便是要對這種心理分析學進行批判。嚴格來說，德勒茲和伽塔利把精神心理分析學分為兩種：一種是主導的、標榜佛洛伊德傳統的心理分析，這種學說以「伊底帕斯」原型為解釋心理病的基礎，把人的慾望等同為一種欠缺（因為有欠缺，才有慾求）。這個傳統肯定「自我」(ego) 的存在，強調父系法則機制的支配地位，亦重視病徵的表徵意義。

另一種心理分析則大約以拉崗、萊奇 (Wilhelm Reich) 等人為代表。萊奇早在二零年代已試圖將佛洛伊德與馬克思理論結合，應用到心理分析學上。從這方面而言，《反伊底帕斯》是試圖繼承這個傳統的。對德勒茲和伽塔利來說，這一種心理分析學的重要性，是對完整的自我或主體這個理念，提出很大的質疑。拉崗認為主體是缺陷、殘破和分裂的，完整及理性的自我根本並不存在。心理分析不是要必定把「病人」帶領回健康正常的狀態，而是讓他們明白所謂「心理不正常」的複雜含義，理解社會常規及主導價值觀的壓抑性。不過，德勒茲和伽塔利也不完全同意拉崗的看法。他們認為拉崗依然把人的慾望視為一種欠缺，是沒有積極意義的。相反，在《反伊底帕斯》這部書裡，他們提出慾望實質上是一種生產，而不是一個缺乏。慾望推動主體變更、游離，亦策動整個資本主義制度跨越領域地發展。

《反伊底帕斯》以心理分析學為出發點，大量應用了心理分析學的修辭術語和觀念，並加以轉化及再創造。德勒茲和伽塔利在書中表明：沒有東西是原創或派生的，都不過是一般的漂流物 (*une dérive généralisée*)。這正好解釋了他們對「創造」或「生產」這個觀念的理解。「創造」不是從無到有的原創，但也不是一定由一個主體衍生出來的事物；而是將一些固定的、既有的事物鬆綁、解開，任由它們自由漂浮、流動，以產生新的觀念、新的事物及新的關係。標榜家庭結構為詮釋重心的主流心理分析學，就是無法放開這個父／母／子的三角關係，以致僵死地不能再生產新的理念，去認識社會。

儘管德勒茲和伽塔利對既有觀念，好像抱著一種放任態度，

但他們其實對這些觀念的理解，毫不含糊。對心理分析學裡的一些基本定義，仍相當重視。心理分析學裡劃分了三種主要的精神結構（或精神病）：

　　㈠神經過敏 (neurosis)

　　㈡精神變態 (psychosis)

　　㈢心理反常 (perversion)

在《反伊底帕斯》裡，德勒茲和伽塔利似乎有意略去「心理反常」這個結構不提，而只集中討論「神經過敏」和「精神變態」兩個問題。或許，他們有意製造一種二元對立性，好讓他們的獨特理念能夠比較容易及明顯地開展出來。

　　「神經過敏」分為三類 ： 1.恐懼症 (phobia)、 2.歇斯底里 (hysteria) 及 3.執迷的神經過敏 (obsessional neurosis)。「神經過敏」的最主要特徵是「壓抑」(repression)。「神經過敏」在主流心理分析學裡，被視為首要的結構。透過患有「神經過敏」的病者，佛洛伊德發現了無意識、幻想、移情作用及壓抑等概念。主流心理分析學的重要觀念，都是建基在「神經過敏」這個結構之上，這也是德勒茲和伽塔利為什麼要針對「神經過敏」這個病症來加以攻擊。

　　「神經過敏」者的慾望，都是亂倫的慾望，所以都是被禁止的。慾望無法得到滿足，就只好極力壓抑。「神經過敏」者的病徵，便是那些被壓抑慾望的再現。他不能滿足他亂倫的慾望，因為他把父親視為法律的化身。父親的存在就是要執行法令，阻止一切越軌亂倫的行為。儘管「神經過敏」者痛恨父親（因父親佔據了母親，令他渴望得到母親的慾念無法得逞），但是他又十分地認同父

親的位置，把自己的身分投射在父親身上，將他看作是「理想的自我」(Ego Ideal)。「神經過敏」者對父親這個法律主體，其實既愛且恨。他恨父親遏止了他的慾望，但也愛父親所代表的權力位置，希望可以取代父親，成為法律主體。「神經過敏」者的慾望，總是渴望得到一些無法得到的東西。法律禁止的東西，他都渴望得到。

　　換言之，「神經過敏」者的慾望，實際上與法律產生了極為密切又曖昧的關係。法律其實教曉了「神經過敏」者應該慾求些什麼——凡是被禁止的，都是吸引的、值得弄到手的。但正因為這些東西是被禁止的，所以將極難得到，而只好壓抑了對這些被禁品的慾望。慾望得到滿足，固然有一定的快樂，但慾望沒法得到滿足，也可以產生另一種快感。因為當慾望得到滿足，慾望作為一種缺乏，就被填滿了，因此而消失。但不被滿足的慾望，卻始終是個慾望，能夠產生極大的動力。「神經過敏」者的慾望被壓抑，但他也在享受著這種被壓抑的感覺。

　　對「神經過敏」症的解釋，基本上是以「伊底帕斯」情意結作為原型，脫離不了「父／母／子」的三角關係。某程度上說，「神經過敏」者其實是制度或建制的信仰者和支持者。他的慾望由法律所主宰；法律要禁止的，他就偏要慾求、渴望得到。同一時間，他又非常認同權威（父親所代表的形象及位置），除了希望得到認可，也想著有朝一日要取代這個位置上的父親，享有父親所享有的東西。嚴格來說，「神經過敏」者離經而不叛道，他有越軌的慾望，但他的慾望不能脫離制度以外而存在。

　　假如「神經過敏」者是建制的擁護者，是「伊底帕斯」的典

型樣板，那麼對德勒茲和伽塔利來說，「精神變態」患者，才真正
是建制的叛徒，是「反伊底帕斯」的顛覆分子。在心理分析學的
定義裡，「精神變態」分為兩種，即偏執狂 (paranoia) 和精神分裂
症 (schizophrenia)。不過，在《反伊底帕斯》一書，德勒茲和伽塔
利只提出了精神分裂這個字眼。有時他們提到「精神變態」，實則
是指精神分裂。在《反伊底帕斯》裡，「精神變態」和精神分裂，
基本上是兩個可以互換的名詞。

　　關於「精神變態」的概念和研究，在拉崗心理分析學裡得到
很大的發揮。1955 至 1956 年，拉崗的講座便全力集中在「精神
變態」這個問題上。拉崗認為「精神變態」者是真正站在意義符
號以外的。「精神變態」的特徵是幻覺，而幻覺正是與知覺世界相
對立的。在拉崗的心理分析學裡，知覺世界是由意符所支配統治
的。最終極最權威的意符，就是父親的名字 (the Name of the
Father/le Nom-du-Père)。在父權社會裡，父親的名字便是權力的
象徵，是一個家族世系的正統代表，亦是男性要角逐繼承的權力
寶座。父親的名字等同於法律的符徵。法文「名字」(Nom) 與
「不」(non) 同音。拉崗打趣說，父親的功能就是不斷說不，正如
一切法律都是不許這樣、禁止那樣一樣。然而，「精神變態」者活
在幻覺的世界裡，對「不許」或「禁止」等等警告根本置若罔聞。
換言之，「精神變態」是對父親之名的一種拒絕，亦同時是對「伊
底帕斯」情意結的一種揚棄。「神經過敏」者全然受制於父親之
名，沒有父親這個權力意符，他不可能產生任何慾望（因為他只渴
望得到父親所禁止的東西），相反「精神變態」者卻完全漠視父親之
名，他是真正置身在父權的象徵世界以外的。德勒茲和伽塔利便

是以拉崗對「精神變態」的解釋作為出發點，去抗衡以「伊底帕斯」所代表的統治世界，尋找另外的革命解放力量。所以，不少論者都認為，在《反伊底帕斯》一書裡，「精神變態」者（亦即精神分裂者）搖身變成了抗衡現有制度的新英雄。

不過，英雄始終是一種身分。精神分裂者卻未必擁有任何一個顯然易見的身分。他不受制於示意鏈，反而可以隨時在示意鏈上前後滑行，是一個超越任何位置的主體 (transpositional subject)，真正可以成為歷史上的任何名字，戴上所有的面具，而毋須擁有一個自我作為意識及行動的中樞。精神分裂者是一連串或一系列的單一體 (singularities)，游離在分離的網絡裡。

德勒茲和伽塔利固然以拉崗對「精神變態」的解釋作為理論基礎，但他們卻不同意拉崗對這個症狀的另一些引申。譬如，拉崗認為「精神變態的結構」主要是「排斥」(foreclosure/ *forclusion*)。「精神變態」者的「排斥」與「神經過敏」者的「壓抑」並不相同。拉崗說，「排斥」這個過程是「任何在象徵世界裡消失的東西，都會在真實世界裡再現。」拉崗所指的「真實」(the Real/ *le Réel*)，是一個不容易一時理解的複雜觀念。簡單而言，「真實」不等於現實。根據拉崗所說，所謂客觀的現實世界，不過是一個想像世界，是一個排斥無意識的世界，是由象徵符號主宰的世界。

至於「真實」，在拉崗的心理分析學裡，則是一個矛盾重重的荒謬物體。它存在，但又欠缺。它是象徵世界的基石，但本身又不能被象徵化。它是象徵世界的殘渣、剩餘物，是象徵秩序中的一個大窟。「真實」往往被象徵世界描述，被賦予種種特徵，但「真實」本身卻沒有任何本體性的存在，它只是虛無、欠缺的化

身。「真實」製造象徵世界，本身又被象徵世界所製造。然而，在《反伊底帕斯》裡，德勒茲和伽塔利卻並沒有對拉崗提出的「真實」進行任何發揮，而只是針對拉崗堅持法律或父親之名的重要性，提出質問。

對拉崗來說，無論是「真實」或象徵，都不容易脫離法律而獨立自足地存在。杜斯妥也夫斯基 (Fyodor Dostoevsky) 曾說：「假如神（法律）不存在，什麼都可以發生、都可以被允許。」但拉崗則說：「假如神（或父親之名）不存在，一切都會被禁止，一切都不可能發生。」法律令不存在的東西存在，法律其實是教導人產生慾望。不過，在《反伊底帕斯》裡，德勒茲和伽塔利並不特別對法律的弔詭性質產生興趣。他們急於追求另一類的力量，超越一切法律以外的解放力量，而不是再從舊的事物之中反覆鑽研它們辯證的張力。

《反伊底帕斯》是一部強調創造力的書。他們關心的不是什麼終極意義，而是怎樣可以令事物發揮功用，運作得更好。《反伊底帕斯》是一部關於功能、作用、操作、運轉的書。對德勒茲和伽塔利來說，一切都是機器，存在就是運作，而不是受意義、意識、理智等這些上層結構思維所支配：

……任何一處都是機器，不是比喻的機器：機器推動著機器，互相結合，互相聯繫。器官機器接駁在能源機器上：一個生產流量，另一個生產阻力。乳房是生產奶的機器，口是接合乳房的機器。厭食的口猶豫在吃東西機器、肛門機器、說話機器或呼吸機器（哮喘病發作）之間。因此我們全都是幹零碎雜活、修修弄弄的人

(*bricoleurs*)，每一個人都有他的小機器。每一個器官機器，都有能源機器配合，永遠都有流量和阻力。

　　機器在《反伊底帕斯》裡不是比喻，是真正操作的機器。拉崗認為，比喻就是以一個意符去取代不存在的陽具 (*phallus*)，所以一切比喻都是父系的，與父親之名或法律有極密切的關係。德勒茲和伽塔利說，機器不是比喻，其實就是指這些機器是在父權法律之外運作，不受陽具意符所控制。同一時間，他們的機器論，亦是要打破人作為一個有機物的人本主義思想。人不再是完整的有機生物，而是由小機件組合的機器。人不再是理性思想的動物，而是自由操作的機器。一切都是機器，包括《反伊底帕斯》這部書在內。這不再是一部單純用來閱讀、尋求意義的書，它本身是一部機器，強調運作：如何運作、為誰運作。

　　傅柯在《反伊底帕斯》英譯本的序言中說，這是一部關於道德倫理的書、一部關於生活方式的書。《反伊底帕斯》是一部日常生活的操作手冊，它教人要將行動、思想和慾望，從單一總體的等級機制中解放出來，重新投入擴散、崩解的流動過程之中。它亦教人揚棄西方思想文化主導的「否定性」觀念，重拾多元、肯定、差異及變動等觀念作為新的生產力量。這部操作手冊又教人明白，政治的訴求不是要重建個人的權利，因為「個人」只不過是權力的產物。最需要的政治訴求，是以多元化的組合及轉移，去進行「非個人化」的進程。

　　配合著六零年代末、七零年代初的世界革命思潮與樂觀主義思想，《反伊底帕斯》很快成為當時法國人手一本、受人崇拜的革

命指南。不過，這並不表示《反伊底帕斯》只是盲目地提倡革命、呼喚解放。相反，它對革命有十分尖銳的批評。革命對德勒茲和伽塔利來說，往往只重建一個權力等級制度，為一小群人的利益服務。所以《反伊底帕斯》其實並不在真正倡議革命、鼓吹政治鬥爭、叫人嚮往未來的烏托邦。反而德勒茲和伽塔利更有興趣的是兩個現存的系統：政治經濟和慾望經濟，亦即是資本主義和以「伊底帕斯」情意結為核心的心理分析。

　　這兩個系統都是一種非歷史性的法西斯主義。所謂非歷史性的法西斯主義，就是泛指一種存在於任何時空的極權控制行使。革命黨可以是法西斯主義者，我們日常的言行愛惡也可以充滿了極權壓制。法西斯主義，在《反伊底帕斯》中，就是以壓制的權力去操縱慾望。

　　資本主義表面上是一個極度鼓吹貪婪、擴張、併吞、無限量地行使野心的制度。資本像氾濫流通的洪水，滲透世界每一個角落，超越國家、民族、文化、性別、年紀等等的藩籬限制。工人變成了生產的流動力，可以自由及赤裸裸地出賣他們的勞動力，而錢幣變化成了極富彈性的金融流動力，以流通暢順的資本去買入這些勞動力。資本主義令人從土地上解放出來，提供新的生產工具，讓人可以自由地投入勞動市場，但同一時間新的生產模式，亦不斷地發明機器去取代那些所謂自由人。金融制度的發明亦解放了堆積的財富，令資本更容易地入侵各個領域，生產更大量的財富。

　　德勒茲和伽塔利其實是用心理分析學的觀點，去描述資本主義的擴張。他們觀察得到的，是資本主義本身的「死亡動力」

(death drive/*pulsion de mort*)。所謂 「死亡動力」，在心理分析學上，是指普遍存在於心理結構裡的一種盲目重複的自動作用。這種盲動力的目標往往不是要追求快樂、平衡和自保，相反，是不顧性命地橫衝直撞，直至令自己毀滅方休。佛洛伊德認為這是人類渴望回到本源的非有機生物狀態的原始衝動。資本制度的貪婪擴張，可以看成是這種 「死亡動力」 的顯著例證。不像過去的封建制度般，擁有一套等級權力的制約系統，資本主義並沒有一套外在的機制去約束它的運作。一切都只是取決於資本，取決於市場上的位置。新科技的發明與突破，令資本主義更無節制地極度發展。資本成為了這個制度的 「沒有器官的身體」 (body without organs)。資本主義這樣盲目地進展，似乎只會自取滅亡，但事實卻不完全是這回事。

　　德勒茲和伽塔利認為，資本主義其實並不是不斷地革命及擴張，它本身也存在著一種調節機制。生產過剩的危機會發動調節機制，誘使消費口味繼續停駐在現存的商品之上，令已投資的資本可以賺取利潤。資本主義的調節機制，或許可以比喻為不散的幽魂，不斷地將只顧向前闖的生人，扯回過去。當然，《反伊底帕斯》裡最重要的資本主義調節機制是以「伊底帕斯」為結構的建制。這種建制不限於家庭，也包括所有以父／母／子位置結構作為基礎的一切政治、宗教、社群制度及價值觀。資本主義鼓吹慾望橫流，無止境地開拓，呈現著一種反領土分割的運動 (deterritorialization)，但同一時間，資本主義又不停地興建種種制度，如學校、企業、工廠等等，將人的慾望又再領土分割 (reterritorialized)。

　　從嚴格的意義來說，資本主義並不是一個富創造力的解符碼(decoding) 系統，它只是掠奪利益、侵吞權力來剝削及控制人的一種策略。資本主義的創造力，很多時是依靠新科技及新觀念的發明，但這些新科技及觀念很快又會被再領土分劃化，變成約束控制人的技術。

　　對德勒茲和伽塔利而言，要在資本主義這個制度尋找創造力，方法是要令這個制度精神分裂化。當然，他們認為資本主義的流動力，並不等於精神分裂的流動力，儘管兩者都不斷地推動及解放著慾望。資本主義市場經濟生產了一些精神分裂式的藝術及生活形態，但同一時間，這個制度亦把精神分裂定義為一種疾病。資本主義社會以生產精神分裂者的方法生產洗髮精、生產汽車、生產各類消費品。兩者的分別只是，精神分裂者不可以當商品般出售，並無任何銷路。而精神分裂的不能銷售性，正是抵抗資本主義制度的一個方法。「抵抗」，在德勒茲和伽塔利的理解中，並不等於擋著、阻止或妨礙，相反，是加速資本主義的流動率，到一個制度本身無法控制的驚人速度。這種「精神分裂式的抵抗」令資本主義制度不斷分裂分化，破壞它的集權等級統治，以可驚的流動速率去創造新的關係和新的事物。

　　由於精神分裂能夠對資本主義生產模式作出極為危險的威脅，精神分裂者往往被看作是「病人」、「瘋子」，受到嚴密的監察。德勒茲和伽塔利所理解的精神分裂者，其實泛指藝術家、科學發明家、革命分子及一切具創造性的人。精神分裂才是資本流動的最終極限，但資本主義不可能到達最終極限，否則整個制度便會崩潰，所以資本主義制度必定要控制精神分裂這個絕對極限，

而最有效的控制精神分裂的方法，就是以「伊底帕斯」為本的心理分析學。

　　資本主義的精神文明，就是建築在對精神分裂流量的壓制之上。文化的發展，其實是對慾望的殘暴摧殘，為了建立文明制度，而不惜犧牲「精神變態」的流動力量。德勒茲和伽塔利希望透過描述資本主義與精神分裂的互動關係，重新引發那種被壓抑的流動力，解放資本主義本身的「死亡動力」。明顯地，他們在《反伊底帕斯》中，並沒有提供任何一種取代資本主義的新制度，因而引來一些論者的詬病，批評德勒茲和伽塔利只一味強調解放那些可怕的破壞力，是不負社會責任的理論。

　　無可否認，德勒茲和伽塔利的焦點並不在建構一套新的制度或新的符碼，去取代舊的等級制度和符碼。他們的目的是藉著「描述」既有制度的運作與運動，去尋求一種新的理解、新的創造和新的力量。他們描述了三種在資本主義中的精神變態經驗（見下表）：

組成部分	作用	機器形式	能量形式	綜合性
慾望機器	運作零件	妄想狂性（生產的生產）	力比多（Libido）	生產的連結綜合，也是不完全客體與流量的綜合
沒有器官的身體	不動的原動力	奇蹟性（記錄的生產）	神聖力量（Numen）	記錄的分離綜合，也是單一體與鏈條的綜合
游牧性的主體	毗鄰的零件	獨身性質（消費的生產）	淫慾力（Voluptas）	消費的聯繫綜合，也是張力與變向的綜合

　　坦白說，這個圖表並不容易解釋，也未必能夠清楚說明德勒茲和伽塔利所理解的資本主義與精神分裂的錯綜關係。這個圖表充其量只能把《反伊底帕斯》裡所用的術語或不易懂的名字，分開並排列好而已。慾望機器、沒有器官的身體和游牧性的主體，可以是三樣不同的東西，但也可以是沒有分別的同一樣事物，因為它們都只是力量凝聚時，所組成的臨時形式。力量消散或變向，這些臨時形式亦會改變形態、變向他物，或甚至消失。

　　理解這些組成部分的關鍵，不在於抓緊它們特有的徵狀、結構或獨特身分，因為它們其實是相互變向，連結又分離，並沒有一個恆久不變的統一身分。重點是力量在這些組成部分上流轉的影響力與被影響力等互動關係。德勒茲與伽塔利對制度的描述，實際上就是一種離心力，引發分裂線路或逃亡的線路流動，這種描述解釋過程，也便是他們所指的「分裂分析」(schizo-analyse)。

　　分裂分析強調無意識的性慾投資是在社會，而不是傳統心理分析所謂只局限在家庭之中。這種無意識的性慾投資，在社會中產了兩種神志昏迷狀態。第一種是隔離式的，第二種則是游牧性的。第一種的神志昏迷狀態，帶有強烈的法西斯主義傾向，要求建立一個中央集權的統治制度，制訂歷史的最終目標，渴望人人歸屬及認同，投入這個優越的階級或種族之中。第二種神志昏迷，則是精神分裂革命式的。這種傾向一味想逃脫束縛與掣肘，逃離中央集權，逃往邊緣，引發流動力量，拒絕優越感的身分認同，自認是低等動物或備受歧視的人種。這兩種神志昏迷狀態，並不等於好與壞或優與劣，都只不過是兩種神志昏迷狀態而已。德勒茲和伽塔利在《反伊底帕斯》裡說，精神分裂者不是革命分

子，但精神分裂這個過程，卻有革命的潛力。

身分本身已是一個制定的符碼、一個穩固性的結構。只有流動的力量、變向的過程，才真正可以改變事物的既定形態。「分裂分析」就是要解放這種流動的力量或慾望，要點不是要判斷好壞或定出優劣，而是不斷地經歷與實驗。法文 "expérimenter"，除了指實驗之外，也有體會或體驗的意思。「分裂分析」便是這樣一種體驗與實驗的描述，目的不是要抵達一個終極的結論或確定的再現形象，而是要顯彰積極的活性流動力和真正的創造性。

活性力量與反作用力的交匯互動，最明顯地可以在沒有器官的身體這個領域上看到。對德勒茲和伽塔利來說，沒有器官的身體這個領域，有時又可以叫做「內在的平面」(plane of immanence/ *plan d'immanence*) 或「密度的平面」(plane of consistency/*plan de consistance*)，有時又或稱為「斯賓諾沙的實體」(*substance spinoziste*)。無論是什麼名稱，沒有器官的身體都是為一切慾望或力量的生產，扮演著一個大佈景。沒有器官的身體是一個平面，任由強烈的流動力量穿流交匯。這個平面幾乎難以覺察，但卻可以讓意義與無意義同時出現。沒有器官的身體是整體，也是全部 (the all/*le tout*)，對活性的流動生命力完全開放。透過沒有器官的身體，我們可以真正走出固有的制度與形而上的封閉空間，與「外在」(the Outside/*le Dehors*) 聯繫，呼吸新鮮的空氣。

不過，在《反伊底帕斯》中，德勒茲和伽塔利又說，沒有器官的身體是死亡的模式，一切張力降為零度。當沒有器官的身體把一切器官都推開及超越時，死亡的模式便出現：沒有口、沒有舌頭、沒有牙齒……直至自我完全摧毀，自我了斷。這是對有機

組織的徹底毀滅。沒有器官的身體是一種死亡的模式，因為沒有死亡，便沒有新的誕生。沒有器官的身體是有機體的死亡，也是另一種生命力量的誕生。這種生命力以分子式 (*moléculaire*) 出現，不需要器官的不斷繁殖，是一種不能被摧毀的力量。阿托 (Antonin Artaud) 曾說過：「肉體就是肉體／僅此而已／不需要任何器官／肉體永遠不是有機組織／有機組織是身體的敵人。」沒有器官的身體宣佈了有機體的死亡，也同時宣佈了一切以有機組織為藍本或基礎的系統結構及象徵世界的死亡。自我主體以人類這個有機體為模式範例，在沒有器官的身體面前，亦同樣要接受被毀滅的命運。換言之，沒有器官的身體開啟了「易位主體」(transpositional subject/*sujet transpositionnel*) 出現的大門。

自我主體再不能霸佔著中心的位置，只有一系列的單一體在邊緣與中心之間不停地游動著，交合又分散，再又結合，組成新的事物。「易位主體」就是這樣的一個游牧式的單一體，轉圈游移，穿越不同的領域，碰上另一些單一體，有時像挫敗敵人般挫敗它們，有時又與它們結盟聯手，不斷在各處搜集東西不斷變化。

德勒茲和伽塔利又說，沒有器官的身體是一只蛋，它的表層上佈滿了流動力量的游移交替線路、關口及網絡。在沒有器官的身體之上，「易位主體」穿過種種活性力量的線路網，並進行一系列的變向過程，起伏升降，過境與遷移，這正是一個精神分裂的啟蒙旅程。沒有器官的身體是有機組織出現之前的卵或蛋，它不是由有組織的器官所定位的，而是由純粹的張力流量或游離的液體所構成。沒有器官的身體沒有所謂根基、沒有所謂本源、也沒有什麼終極目標或甚至歷史；它只是一塊光滑的平面，沒有一成

不變的內容。

　　沒有器官的身體是死亡的一種模式，但死亡並不是與生命對立的，死亡和生命只是活性流動力的兩種不同時刻，故此沒有器官的身體也是一種生命狀態。

　　生命本身具有一種自我生殖、自我組織的能力，即使結構被摧毀，運作失去了平衡，但在經過一段混亂之後，又往往可以自我調整，組成新的秩序、新的平衡，重新運作生產。渾沌理論(chaos theory) 其實就是一種新的秩序觀念。透過觀察流水動力及天氣構成模式，渾沌理論發現了在所有無定向性的騷動過程之中，都會產生一種自我整理的秩序，因此渾沌其實就是決定論的核心。沒有渾沌，秩序基本上無法誕生。在心理分析學的術語之中，力比多這種生命的愛慾力量，是驅使新秩序在渾沌中崛起的最基本元素。力比多有極大的吸引力，統一多重性的複合性組成分子的共同體，催化不同的元素，而產生新的生命。力比多是這種不能被摧毀，亦無法阻擋的自我繁衍、自我調節組織的生命原動力。所有細胞組織都是自私的，它們具有強大的自保能力，存在的目的就是要不斷自我生殖，繼續生存。但是，我們必須注意的，是這種生命原動力（力比多）有時並不只在乎追求平衡、和諧與快樂，反而往往超越平衡，搗亂和諧的秩序。儘管不一定是要自毀或尋找死亡，這種生命原動力卻竭力衝向一種系統以外的渾沌，作為自我更新的資源與潛能。

　　在 1980 年面世的《千高臺》之中，德勒茲和伽塔利就應用了很多自然科學——特別是生物學——的觀念，去思考歷史的演變

過程及各種社會制度結構，提供了超乎人文科學以外的新鮮角度。與《反伊底帕斯》比較，《千高臺》沒有了那種革命性的原創力量，較像一部學術著作。他們要把《反伊底帕斯》變為一部不斷運行生產的機器，而在《千高臺》之中，卻並不存在這種企圖。不過，德勒茲和伽塔利卻強調《千高臺》本身是一個開放的系統，每個高臺都由多種學科之中的觀念，經砸碎、移位及重組所構成，所以像交響樂，具有極混雜的回聲與和音。讀者極有可能會被跳躍及繁雜的觀念與名字弄得頭暈眼花，感覺這部論著彷彿是亂七八糟的隨意組合。正因為《千高臺》的渾沌性質，它挑戰及顛覆了傳統直線式的閱讀習慣。《千高臺》的開放性，鼓勵讀者可以隨意在任何一點或任何一個高臺之中進入這個系統內滑行，而不需按部就班的順序閱讀。

　　《千高臺》是一部關於觀念的書。德勒茲說，哲學就是創造觀念。對他來說，觀念是一個工具箱，解決實際的問題和幫助機件運作，而不是加強信仰或建立嚴謹結構的。不過，德勒茲並不反對系統，只要這個系統是開放而不是封閉的，它就不會喪失生命的力量。《千高臺》就是這樣的一個開放系統，一個創造觀念的開放系統。這些觀念不單只是對哲學家有用，也對任何有興趣的人（包括藝術家、科學家、畫家、音樂家、電影導演等等）有實際用途和容易親近及理解的。德勒茲和伽塔利稱這個創造觀念的開放系統為「根莖」(rhizome)。

　　「根莖」是《千高臺》的系統模式，它像埋在地下的馬鈴薯般，佈滿著網狀的無定向線路，向四面八方衍生擴展，打破因果的直線關係，改變時間運行的概念，而強調多樣性互動關係。為

了保持這個根莖系統的開放性，德勒茲和伽塔利並不願意建立一個思想流派。他們甚至拒絕明確易辨的身分。在《千高臺》的開首，他們說雖然兩人共同合作寫書，但因為每個人都是複合多樣體，所以其實是一大群人在寫作這部書。至於為什麼還要保存著兩個人的名字，他們說，那不過純粹是基於習慣而已。正如說今天天氣好，每個人都知道那不過是一種說話的習慣或客套。對德勒茲和伽塔利來說，最重要的是到某一天，身分或主體這些問題已經變得毫不重要，那時每個人都可以是真正的多樣體了。

像其他所有東西一樣，《千高臺》這部書裡有很多連接的線路、零碎的分割、繁複的地層和不同的領域，同時亦有逃亡的線路、反領土分割及反地層界限的運動。這些線路與運動產生了不同的速度或呆滯狀態，又製造了斷裂和黏性狀況。這些種種流動力量、線路及狀態加起來，就成了一個「裝配」(assemblage/*agencement*)。《千高臺》便是這樣的一個「裝配」。德勒茲和伽塔利認為，「裝配」的其中一面是一個有機組織，代表了某種整體性或統一性標誌著主體的身分位置。但「裝配」的另一面卻是沒有器官的身體，不停地攻擊有機組織的結構，令那些未被符碼化的分子及張力循環流動，讓主體身分變成一個純粹的名字。

《千高臺》這部書就是一個龐大的開放系統。我們在裡面可以找到最傳統的結構、最壓制最法西斯的勢力及這些勢力所建立的階層及地盤。但我們亦可以碰到極具革命性及解放性的流動活性力量，感受它們的張力、運動與速度。《千高臺》的意義不在於提供一個確鑿無誤的批判或內涵，而是讓我們感應及經驗它所描述的力量流動及系統形成與操作過程。

作為一種繁複的「裝配」,《千高臺》亦不斷生產著觀念。這些觀念精密,但未必準確。任何人要運用《千高臺》裡的觀念,必須為它們重新定義,才可以適應於不同的研究範圍。德勒茲曾經說過,科學家要應用《千高臺》的觀念,他要有哲學家的深思和藝術家的想像。當然,任何運用《千高臺》裡的觀念的人,都同時是科學家、哲學家和藝術家。三者不是三個不同的身分,而是一個重疊的複合體。德勒茲強調,哲學的功能是不斷創造觀念。觀念不會因為我們批判它,就因此而消失或死亡。只有創造新觀念、開拓新領域及發現新的功能,才真正可以有效地取代舊的觀念。所以,批判一個觀念,從來都不是有趣的事情,而只有建立新作用及開發新領域,才能夠令一個既有的觀念變得不足及失去效能。在《千高臺》裡,讀者可以不斷地見證到這個觀念創造、取代及作廢的過程。德勒茲說,觀念是工具,作用是幫助整部機件運作。他不會像傳統思想家般,細心玩味或鑽研一個觀念。他沒有興趣回頭去重探或重讀一個觀念,而只是專注於創造其他的觀念。

儘管德勒茲這樣說,但《千高臺》與《反伊底帕斯》仍然是有一定連續性的。很多在《反伊底帕斯》裡首度出現的觀念,亦再度在《千高臺》裡重現。不過在《千高臺》裡重複的觀念,比《反伊底帕斯》裡的更加游離消散,運動的領域更空闊廣大。例如,在《反伊底帕斯》裡,沒有器官的身體被定義為是一顆蛋,或是斯賓諾沙的實體。沒有器官的身體的定義,就在這兩個差異的意義系列之間穿梭往還。然而,在《千高臺》中,沒有器官的身體變得更滑不留手,更抽象分散,難以捉摸。有時是一塊平面,

有時又是具有張力而沒有形狀的物質。總而言之,《千高臺》就是要把觀念的張力與彈性,推到一個極限,盡量令觀念不會受困於封閉、停滯的系統之中。

　　觀念固然被德勒茲稱作工具,但它同時亦是有獨立生命的東西。凡是有生命的東西,都會不安分地流動轉化,尋找存在的形式,亦不斷變向他物。觀念本身有內在的變數,也有外在的變數(如其他事物的狀態、歷史時刻等等)影響它的變向過程。創造一個觀念,正如擲骰子般,不可能預知結果,只能製造多樣複合的可能。創造觀念本身是一件事件,而不導向一個統一的單元(如主體)。事件本身有絕對的個體獨立性,而不能歸納入任何一個完整但封閉的系統之中。德勒茲稱這種事件的個體性為「這裡」(haecceities/ecceities),意思是指在此時此地此一刻,這個事件正在發生。這一刻是絕對的此時此地(here and now),不是記錄過去,也不是投射未來。這一刻(或「這裡」)切割了時間的直線連續性,它不屬於過去,又不屬於未來。但要掌握這一刻,卻是非常困難。當我們要用語言去描述這一刻或「這裡」時,這一刻已經消失,此時此地亦已不再,變成了過去式了。德勒茲說,「這」個孩子、「這」個生命、「這」場戰爭裡的「這」,正是指有些未成為身分、未成為意義或未成為特殊形態的事件,正在發生或進行中。它不屬於任何意識形態,也不能歸入形而上的思想裡。德勒茲叫這個正在「這裡」發生的事件為「前個體的單一體」(pre-individual singularities)及「非個人的個體化」(non-personal individuations)。

　　這些單一體或個體,都是生命的雛型(生命在這裡不局限於有機

生物的生命，也包括那些非有機體的求生求存力量，甚至包括非生物性而能自我繁殖的系統、結構及傳統制度)。生命的唯一存在目的，就是求生及繼續延續生命，但生命的生長必須要面對時間。生命所面對的時間有兩面，一面是現存的活著的現在，另一面則是死亡。所有生命都貪生怕死，但又無法擺脫死亡。沒有器官的身體既是生命的雛型或胚胎，亦是死亡的模式。換言之，沒有器官的身體代表了一種時間的概念。

死亡本身並不可怕，它只是生存狀態的一個必然時刻。但死亡意識才是最可怕的。當生命不再停留在原雛狀態，漸漸演變為一個有型模式，開始自覺本身的存在時，它同時要面對最嚴重的創傷，即意識到自己的存在不是永恆的，自己最終必然會死去。這種對時限的意識、對死亡的意識，深植於生命體裡，煩惱折磨著它的生活。為了減輕這種死亡意識的煎熬和痛苦，生命體於是尋找方法，令自己暫時忘掉這個憂慮的意識。譬如不斷製造幻想與幻覺，渴望再度投入無意識的生命本能之中。這種無意識的生命本能，可以稱為原始的力比多。

力比多就是最基本的性慾力量。性慾力的存在目的，便是要找到另一些可與之結合的東西。力比多基本上是一種慾求統一結合的力量。在人類行為之中，對這種無意識的生命本能的追求，往往表現在愛情之上。人不斷追求愛情的感覺，追求伴侶，希望透過與伴侶的結合，愛慾的混和，可以令自己的生命變成永恆，超脫死亡的憂慮。然而，那種想像的整體統一性，卻不容易在兩個人的愛情之中長久維持。因為兩個短暫而有限的生命體，絕不容易可以完全滿足對方的幻想，也極易被對方發現本身不理想的

缺點。所以愛情作為一種超脫死亡意識的形式，常常並不持久。
於是，人類便嘗試投入於另一些較非人化、較容易理想化的事物
之中，來追求那種無意識的生命本能，好解脫死亡意識的籠罩。

　　這些給予人類統一幻象的事物，包括社群、政治或宗教團體、
民族、國家或普世化的價值觀與大同理想等。藉著投入這些團體、
認同它們的價值觀，人類可以暫時忘卻經驗時空的破碎感覺，進
入一個超越的世界，拋開死亡意識的纏擾，幻化地享受永生、不
朽的虛幻感覺。這種超越的理想主義，令自我拼命追求統一的身
分認同，以達至不朽的想像境界。獻身宗教或革命，為國家民族
而犧牲，表面上是一種無私無我的偉大神聖行為，但同一時間亦
是生命一種非常「自戀」的心理狀態。生命體透過融入統一的整
體，捨棄自己的生存形式（即所謂小我），以贏取永垂不朽、流芳
百世的昇華境界。超越死亡意識的一種方法，就是以獻出自己短
暫的生命，來達到重生或永生。無私的獻身精神，往往是基於恐
懼、憂慮和自戀狀態。這其實是追求「非意識」(unconsciousness)
的動力。

　　自我意識的崛起，令生命騷動不安。生命體自我意識到它的
有限性、它必定死亡的事實，最終的結局只是一種「虛無」時，
它就想方設法要重回到不死的力比多狀態之中，重拾那種永生的
快感 (jouissance)。然而這種快感往往被死亡意識／自我意識所阻
隔，絕不容易達致。於是，生命便變成了一個痛苦的過程，充滿
問題與困惱。意識醒覺令生命變得痛苦，生命有了盡頭，一切事
物及關係都不可能長久不變。人類為了稍為紓緩這種苦痛，於是
創造神、創造宗教制度。人的苦痛便有了一個解釋：因為神要懲

罰人類，人在世上的罪孽深重，必須接受痛苦來救贖自我。神所代表的道德律例，成了人類受難過程的見證，同一時間神亦享受著人所受的苦困。即使潔身自愛的無辜生命體，也要面對生老病死的苦痛，因為人類永遠無法洗脫他們的原罪。這是宗教對自我意識所帶來的痛苦的一個解釋。

　　宗教將生命體的野心及侵略本性內在化，變成了一種道德意識、罪咎感、謙卑感。人的行為變成是為了「他者」（神）服務，為了討好神的歡心，行使神的意旨，以減少生命的苦痛。這種樣樣依照神的意旨行事的作為，其實也是一種追求非意識，以忘記死亡或自我意識的模式。簡單而言，愛情、宗教、國家民族意識及一切普世性的大同理想，都是要讓孤立分離的生命體，暫時團結為一個統一整體，建立一個明確易認的身分，忘卻個別要面對死亡大限的憂懼，製造了一種無意識的永恆永生的幻化感覺。

　　生命體慾求團結統一，以解脫死亡痛苦的威脅，本來是無可厚非的。但是，這種對統一的追求，總是建基在法律體制之上，因此亦充滿了壓抑性和排他性。佛洛伊德早在猶太人在歐洲被大屠殺之前，已經說過：「要團結一大群人在一起，令他們相親相愛，是極有可能的，只要將其中一群人抽出來，以滿足其他人的仇恨心及侵略性。」排斥一小群以團結一大群，往往是追求統一結合的手段。當那種統一整體的和諧團結感覺，無法長期維持，或甚至根本沒法達到的時候，那些被排斥的一小群便必然成為代罪羔羊，被指斥為阻礙團結統一的最大敵人。這一小群人的存在，將嚴重影響團結統一的成功可能性，故必須徹底剷除。這便是法西斯主義得以興起的一個重要理據。

　　生命體的自我意識（亦即對時間、死亡大限的敏感），被生命體本身視為一種嚴重的疾病，故必須尋求方法來加以醫治。於是生命體企圖集合力量，回到非意識的永生本源。這種不安分，無疑是生命的推動力，但亦製造了種種暴力及災難。德勒茲和伽塔利在《反伊底帕斯》及《千高臺》中，除了試圖描述及探討生命力量的循環運動過程之外，也力求找出生命力發展運行的另一種脈絡，打破惡性循環的僵局。

　　首先他們認為生命不是一種反動，不是對時限意識或死亡憂慮的反動力。相反，生命是一種活性的主動力量，運行不息，只是偶然在一些固定的形體中短暫停留，然後又流徙到別的地方。對德勒茲和伽塔利來說，自我主體這種生命形式，很多時是對生命力的一種反動，而不能順應生命的流動。有意識的自我，對生命的反應，往往是要生命永久停駐在這個形式裡，囚禁生命的流動性，只求達到永生。自我主體知道本身的有限性與欠缺，於是不斷慾求，以填補這個真空。自我主體的慾望基本上是一種匱乏，它的慾望追求卻像一種命令或法則，永遠不會也不能停止，因為它本身的欠缺及有限性，是絕不可能被滿足的。

　　在德勒茲與伽塔利的理論中，慾望不是一種匱乏，而是一種生產力，是一個「裝配」。生命體的慾望再不是一種法令，只顧一味要填滿本身的空虛。作為「裝配」的慾望充滿了偶然性和機遇性。它不再盲目地追求一個目標，而是見步行步，見招拆招，有很大的彈性及即興成分。慾望的藍圖像計程車的路線表，在大街小巷穿來插往，有時是載客，有時是空車；有時與其他計程車聚集停留，有時又獨自的四處竄逛，從沒有必然劃定的永久路程表。

　　生命力，在德勒茲和伽塔利的眼中，就是這樣多樣混雜，充滿變化。沒有器官的身體是一個純粹的時空間隔或間歇，最原初的物質在這裡穿過，變成了形形式式的生命體。生命不是無止境的，它亦有死亡的局限，沒有器官的身體便是一種死亡模式。然而死亡之後，又會有新生。生命力從「我」這個形體，又轉移及穿越其他種種不同的形體之上。沒有器官的身體是引向其他生命形體的通道。生命不是為一個自我或同一個人而存在，它超越自我意識的悲劇，進入不同生命形式的多重複雜性之中，沒有所謂開始，也沒有所謂完結。傳統的自我主體是一個封閉性的內在空間，它只意識自我的有限性、經驗和知覺，只懂得強調本身獨特但孤立的存在。從這個內在空間的角度看，生命註定是一個悲劇，因為最終必然會走到盡頭，過往的一切延續生命的努力，都變得白費與徒然。存在變為災難。

　　對德勒茲和伽塔利來說，主體不是一個封閉的內在空間，它只是生命活力的一個分佈或匯集的單一體。主體是開向外在 (the Outside/*le Dehors*) 的，它游牧流動，也停駐逗留。流動時與其他單一體交往聯結，停駐時則集匯張力。主體作為一個生命的單一體，是個好的賭徒，只重視機遇與肯定偶然性，成和敗的結果都並無分別。內在空間的主體，卻是個壞的賭徒，一味關注因果關係和最終結局，計算或然率及可能性，去除所有機遇性，只希望每次擲骰的結果，都是對自己有利的。好的賭徒樂意面對意外、驚奇，開放地願意經歷痛苦與快樂，而不作刻意的選擇，因為這是對機遇性的肯定，也是對神奇的生命力的肯定。只有在這種肯定之下，德勒茲和伽塔利認為，新的生命、新的創造才可能誕生。

第四章　重疊複合的文藝思想運作

　　德勒茲曾經說過，科學家、藝術家和哲學家都是沒有分別的，他們的工作都是創造觀念。他對文學、電影或繪畫的興趣，不是因為他可以應用他的哲學觀念到這些藝術領域之上，而是這些藝術本身已是一種哲學觀念。電影導演以電影的影像符號思考，創造他的思想形象。畫家以線條、色彩或畫像去創作，製造他的複合多重體。科學、藝術和哲學，對德勒茲而言，不是獨立自存的事物，而是互相變向改造的分離綜合。它們之間沒有主幹，也沒有中心，純粹是歧路網絡的交接匯流，是根莖的散播。

　　不過，德勒茲也曾說過，哲學是溝通科學和藝術的橋樑。他挪用了不少藝術及科學的理念，去創造他的哲學論述；同一時間，德勒茲亦不只一次地提及，他希望科學家和藝術工作者們都可以取用他的理論，在不同的領域及層面上發揮效能。德勒茲這種說法，似乎較接近「跨學科研究」或「多元媒介」的觀念。

　　無論是哪一種說法，科學、藝術和哲學，在德勒茲的辭彙裡，都是一些「專有名詞」(proper names)、都是一些「裝配」。所有「專有名詞」都是集體的，所有「裝配」都是聚合性的。個體和集體並不是二元對立的，因為一切事物都既是獨存體 (singularity)，也同時是複合體 (multiplicity)。它們存在於一個流動能量的宇宙或領域裡，這個宇宙是一體性的，但也同是多元性的。

　　科學、藝術和哲學作為「專有名詞」、作為「裝配」，都是在這個一體又多元的能量領域中的流動物，它們有三種特殊的質素：正性 (*positivité*)、生產能力 (*productivité*) 及無實體性 (*incorporalité*)。

正性是針對否定性而言。西方思想體系的辯證邏輯，總是以否定性為基礎，德勒茲企圖另闢他途，強調思想中的正性或陽性，取代否定、對立或矛盾等負面元素。思想的作用是肯定，不是以否定作為動力。思想的功能是尋求生命的喜劇，而不是搬演矛盾對立的悲劇。科學、藝術和哲學這些單一體之間的差異是純然正性的。換言之，它們絕不是互相對抗、排斥，以否定他人來證明本身的存在的。相反，它們並列地存在，互相關係的關鍵語是「與」(and/et)，而不是非我則你、你死我活的敵對關係。

生產能力則是科學、藝術及哲學這些單一體的創造力量。科學、藝術及哲學都可以生產屬於它們本身的感知事物 (percept)、情感 (affect) 及觀念 (concept)。儘管科學比較強調參照系，注重機能，但正如藝術和哲學一樣，它也有它的感知整體 (bloc de sensation)。而這些感知、情感及觀念便是單一體創造能力的證明。

至於無實體性，是指科學、藝術和哲學的存在，並不限於為一個科學實驗成果、一件藝術作品或一本哲學著作。科學、藝術及哲學其實都是「事件」，不斷在時間之中變向衍生，而不局限在一個固定時空的特定模式裡。

對德勒茲來說，科學、藝術和哲學這些單一體，並不是空間的事物，而是時間的物體。它們的正性、生產能力及無實體性只有在時間中才產生意義。傳統的西方形而上學思維都是一種空間的思想。時間，在形而上學的角度來看，受制於空間的運動。在傳統觀念之中，時間等同連續，一個時間接續著另一個時間，直至無限，像一系列無窮無盡的火車廂般，這是空間化的時間。但德勒茲卻並不認同這種觀念。他借用柏格森的理論，認為時間是

一個「期間」(duration/*durée*)，過去保存於現在之中，當現在這一刻出現的時刻，過去這一刻卻未曾消失。

這個「期間」亦叫做記憶。德勒茲所指的記憶，並不是我們的日常記憶。常人的記憶都是零碎、選擇性和不全面的。德勒茲所理解的記憶，卻是一個全部，所有時刻都在這個記憶裡共存。嚴格來說，這個記憶儘管有回到過去的定向，但亦同時締結著未來。德勒茲認為，現在是沒有實體存在的，它純粹是一個變向 (becoming)；相反，過去則是一個無活性的存在 (inactive being)，在所有時間之中，永恆地存在。當現在這一刻過渡到過去，現在所過渡到的是過去的整體或過去的全部，而不是從一刻過渡到先前那一刻的那種直線連續聯繫。

過去是本體性的，而現在則是過渡性的。過去的整體性是每一刻都在過渡的現在的最基本條件。過去和現在，不是兩個連續性的時刻，相反，它們是兩個同時存在的要素：現在不斷地過渡，而過去則不停地存在，任所有現在時刻從它那裡過渡。在德勒茲的理念裡，這個全面性的過去，便是本體的記憶或「期間」。這種記憶不屬於個人的心理記憶，因為它包含了整體，讓不同時間同時共存。換句話說，記憶或「期間」其實也是一個多重複合體。

科學、藝術及哲學都是時間性的事件，它們揭開另一個時間，亦同時包含著另一個時間。每一個時間性的事件都不簡單地是時間的直線連續，而是不同時間的共同存在，是多個時間流的同時並存。過去與現在不是對立的，而時間與空間也不再停留在二元的等級統治關係上面，因為不同時間可以在同一個空間裡存在，而佔著一個空間的現存又與非空間的過去整體共存。時間空間化，

空間時間化，兩者相互變向。

德勒茲認為，所有藝術作品都是一個紀念物，但紀念物不等於是記錄過去，或純粹是個人的記憶。相反，藝術作品作為紀念物，是一個虛構物 (fabulation)。德勒茲說，記憶在普魯斯特 (Marcel Proust) 的作品中實際上只是扮演一個很小的角色。普魯斯特所寫的不是他的童年記憶，而是童年推動他的寫作，令他的作品變向兒童 (devenir-enfant)。童年就像一個本體性的過去，永恆地存在。寫作是不斷在過渡的現在這一刻，是一個運行中的過程，向童年的整體性不停地變向。德勒茲要強調的是，科學、藝術和哲學都是時間性的事件，都是「期間」或本體性的記憶，包含了所有在這裡過渡的事物。

在德勒茲的作品中，藝術一直佔著一個很重要的位置。他的《普魯斯特與符號》(*Marcel Proust et les signes*) 被稱為是最早把普魯斯特研究系統化及理論化的其中一部重要著述。他與伽塔利合著的《卡夫卡：作為少數文學》(*Kafka: Pour une Littérature Mineure*) 引起了對非主流的少數文學論述的興趣，直接或間接地催生了不少研究不同文化的少數文學的書籍，這些研究有些以德勒茲的觀念為基礎，有些則企圖反駁他的觀念，加以修正及引申。另外，他個人撰寫的《自虐研究：冷淡與殘酷》(*Présentation de Sacher-Masoch*)，重新審視虐待狂、被虐狂與法律的關係，亦豐富了心理分析在這方面的研究成果。

兩冊關於電影歷史及電影理論的《電影一：運動影像》(*Cinéma 1: L'image-mouvement*) 和《電影二：時間影像》(*Cinéma 2: L'image-temps*)，成為了電影研究的極具影響力的作品。著名的

電影理論家麥士 (Christian Metz) 的自殺，據說也與德勒茲這兩部電影著作有關。原因是麥士本身有個人的煩惱，陷於情緒低落狀態，再看到沒有受過任何電影訓練的德勒茲，寫了這兩部麥士所夢寐以求的電影著作，更感到意興闌珊，因而自尋短見。這當然是一個永遠都不可能被證實的傳言，但足以反映德勒茲這兩冊電影著作在法國知識界的重要性。

　　至於音樂，德勒茲在《千高臺》中大量應用了音樂作曲家及理論家布萊茲 (Pierre Boulez) 的理念，去描述多重複合體的空間運動及節奏等觀念。另外，德勒茲對當代英國畫家培根 (Francis Bacon) 的專著《感覺的邏輯》(*Francis Bacon: Logique de la sensation*)，雖然沒有引起多大的注意，但我們卻可從書中看到德勒茲如何在具象與非具象之間的視覺藝術中，找到他創作觀念的活性推動力。

　　在德勒茲的眼中，藝術是一種科學，也是一種哲學。用他的語言而又準確點地說，「是」這個連繫動詞，不是等同或身分吻合的意思，而是一種變向。藝術變向科學，也變向哲學。藝術工作者在他們的領域裡，既生產科學性的實驗，也創造哲學觀念。

　　在這一章裡，我們將闡述德勒茲有關文學藝術的觀念創作，並嘗試從這些觀念中梳理出他對時間這個問題的獨特看法。藝術是時間性的事件，但藝術的時間並不完全等同過去的完成或紀錄。藝術的時間性往往代表了一種張力、一個缺口，聯繫又切斷過去與未來。

文 學

在《普魯斯特與符號》一書中，德勒茲一開始便說《追憶似水流年》（*A la recherche du temps perdu*，此書直譯應為《尋找失去的時間》）所追尋的，不是過去，而是未來。因為書中的主角都是經歷過幻想與失望，而得到啟迪，從中學習到一些東西。重點故此不是對無自主性記憶 (*la mémoire involontaire*) 的闡述，而是在於對學習過程的記敘。學習是從過去的經驗與事件之中，走向未來。因此這不僅是一部探究記憶的書，而是追尋真相的著作。普魯斯特所關注的不是過去的時間，而是失去了的時間，以及怎樣從錯失之中得到學習的機會。

德勒茲說學習主要是學習符號。學習是察看及細想一件物體或一個存在物所發放的符號，將它解碼、辨讀及詮釋。在《追憶似水流年》中，德勒茲認為，一共有四類符號，分別為世俗的符號、愛情的符號、印象與感官的符號和藝術的符號。

世俗的符號就是社會的一切風俗、習慣、潮流、舉止等。這些符號基本上是形式主義的，它們空洞，但卻是一種有效應的儀式。儘管典型及空洞，這些世俗的符號代表了行動和思想。愛情符號則是指愛侶所代表的多重世界。每一個情人都是一個符號、一個靈魂，她或他表達了一個未知的世界，等待我們去解碼及詮釋。這些愛情符號甚至呈現了多重繁複的世界，愛情就是要去明白及翻開這些包裹著情人的多重世界。不過，這些愛情符號必然會挑起妒忌與猜疑，並以謊言和欺騙的形式掩映在我們眼前。德

勒茲認為，在普魯斯特的作品中，嫉妒往往是愛情的終站。不像那些空洞的世俗符號，愛情符號都是謊言的符號，以迷惑的方式表達。

　　印象與感官的符號並不一定是具體存在的物體，卻能勾起對其他事物的感覺與印象。這些符號顯現了一剎那的時間或某種事物的本質，但符號本身並不能長期維持這種啟示的能力。勾起對康比 (Combray) 記憶的小甜餅、對年輕女子記憶的鐘樓，以及引起對威尼斯之思的鋪路石等，都屬於印象與感官的符號。至於藝術的符號，是最終極的符號。所有符號最後都會匯集成藝術。藝術符號結合其他三種符號，給予它們美感的意義，並洞穿它們的不透明度，尋找箇中的真理。德勒茲認為藝術符號是眾多符號的精髓。對其他符號的解碼學習，最終其實是為了要理解藝術符號。藝術是通向真理與本質的媒介，它同時亦透視了時間的最純粹形式。

　　對德勒茲而言，本質就是最純粹的時間形式。在普魯斯特的藝術中，本質並不是一個統一體，而是差異的具體化身。德勒茲在《普魯斯特與符號》中提問：「什麼是本質？藝術作品透露了什麼本質？那就是差異，最終及絕對的差異。」這種絕對的差異，並不是經驗世界裡的差異，不是兩種事物之間的相對性不同。這種絕對的差異，是萊布尼茲所指的「單元」(monad)，是一個沒門沒窗的世界。它的存在並不是相對性的，它本身就是一個內在的差異，一種自主獨立的內在性。每一種本質所揭示的世界都與其他本質所揭示的世界完全不同，所以我們其實並不存在於同一個世界之內，而所謂友誼、愛情、對話或交流都是子虛烏有的虛幻

東西，因為本質所揭示的世界並不能夠互相溝通。但是，只有藝術才能進入這些本質不同的世界，聯繫及在它們之間穿梭往返。

藝術有這種特殊的權利，原因是藝術是地位最高的符號。藝術符號能夠改變物質，表達事物本質的意義。這種力量，德勒茲稱它為風格 (style)。但風格不是一個身分或一種定型的東西，而是一種蛻變。風格是將本質裡的不穩定性、箇中元素的爭鬥及原初的複雜性再度衍生。如果本質代表了一個世界的誕生，風格則要將這個誕生延續及折射。德勒茲所提到的本質、符號及風格，都不是一些固定不變的事物，相反，它們都與時間的變異有密不可分的關係，而且都指向時間的純粹形式。

所謂時間的純粹形式是一種內在性質的形式，存在於我們體內的一種無限定性的抑揚變奏。昨日的我與今日的我由這個時間的純粹形式所分割。時間是一種暈眩，一種波浪的搖擺，把一個主體分成兩個：我是他者。這是一種內在的差異，差異跟自己所作出的差異。德勒茲認為，藝術以它的符號世界，以它的風格及表達本質的能力，幫助我們去理解時間，理解時間的純粹形式，理解時間作為一種絕對的內在差異。普魯斯特的藝術所揭示的時間，不是一個逝去的過去，而是過去與現在的同時共存，一種時間的暈眩與擺動。普魯斯特的這些時間性的符號，真實但並不存在，理想卻不抽象。

符號 (sema) 在希臘文裡是指墓碑的意思，本身就已包含了死亡及時間的內在涵義。藝術符號所呈現的時間是一個複合多重體，一個能夠自我建立秩序的渾沌，一個過去、現在與未來都同時並存的綜合。德勒茲認為，哲學家的最大錯誤，是他們常常以為只

要有追求真理的良好願望，透過友好的溝通及對話，真理就必然
達致。但他們不知道，這全是一廂情願的想法。不過，德勒茲並
沒有排斥這個錯誤，因為思想的路徑必然包括犯錯，不計較冤枉
地走入歧途。德勒茲始終認為，普魯斯特的《追憶似水流年》是
為追求真理的，為尋求本質的真理，一種不能依靠哲學家良好願
望或友好溝通而求得的真理。普魯斯特所追索的真理，不是憑主
觀願望或自由意志的驅使便能得到的。相反，真理往往只是一個
事件的副產品。真理來自偶然的一個機會、一次沒有事先安排的
邂逅或相遇、一塊不起眼的小甜餅、一個挑起妒忌心的眼神或一
首奏鳴曲裡的一個主調。這些符號的湧現，逼使主體去思索，尋
找本質的意義。

　　這種真理有本身的必然性，但卻在特殊的處境出現，主體彷
彿就被特別選中般，不得不向這些符號學習，尋求本質意義的解
釋。在這種情況下，解釋就是一種思考。德勒茲說：

思考往往是詮釋，亦即是解釋、發展、解碼、翻譯一個符號。翻
譯、解碼、發展全都是純粹創造的形式。

　　性慾作為一個符號，又如何可以詮釋及解碼呢？在《自虐研
究：冷淡與殘酷》一書中，德勒茲試圖思考這個問題。他把馬撒
（Leopold von Sacher-Masoch，被虐狂 masochism 一辭源自他的名字）與沙
德（Marquis de Sade，虐待狂 sadism 一辭起自他的姓氏）並置及相互比
較，以探討人類歷史的性慾問題。當然，性慾並不等於性變態行
為，但以被虐與虐待狂這兩種徵兆來開展討論，更能顯現一些隱

藏潛伏的本質意義。德勒茲認為，儘管馬撒和沙德都迷戀於他們的特殊性行為上，但他們都是偉大的人類學家，他們的作品成功地包含了對人類、文化及自然的整體概念；同時他們兩人又是傑出的藝術家，發現了新的表達形式，新的思維與感官方法，表現了原創的語言。

所謂原創的語言，是指馬撒和沙德的性慾描寫，能夠把語言推到極限，呈現出示範性的、辯證及神祕性的功能。這正是德勒茲所指的「色慾文學」(pornological literature) 存在的目的。有別於色情文學 (pornographic literature) 只注重猥褻淫穢的描寫，「色慾文學」透過性暴力和性慾行為來挑戰語言的界限。性暴力和性慾都是「非語言」，並不以語言作為它們的表達媒介。「色慾文學」不單只挑戰語言的規範，同時亦質疑法律的權威性。自柏拉圖以來，法律一直是代表善良，是德性的化身。但康德卻提出了不同的看法，認為法律其實純粹是一個形式，獨立於善行之外；甚至說善良要依賴法律才可以存在。換言之，法律的背後並不是善良德性。法律就是法律。法律的本質變得神祕莫測。在這個沒有善良德性在背後支撐的法律之下，所有人都是有罪的，都要受到法律的懲罰。法律的功能變為懲罰眾生，而不是要分辨善惡。

沙德與馬撒的「色慾文學」分別以反諷和幽默，去顛覆對抗法律的肆虐性。馬撒的被虐狂以幽默去嘲諷法律的荒謬性，被虐狂者絕對服從法律，完全接受法律權威的懲罰，忍受痛苦是被虐狂者的快樂泉源，沒有懲罰的苦痛便沒有肉體的快感。懲罰本來是要禁止受罰者有任何享樂的機會，但對被虐狂者而言，懲罰卻帶來了極大的快活，這種顛倒的邏輯正好證明了懲罰的荒謬不合

理性。被虐狂者越順從，越逆來順受，越表現了他的反叛性。

　　至於沙德的虐待狂，則以反諷去抗衡法律。虐待狂者以絕對醜惡的原則，豎立起高於法律的超法律。這種超法律代表了全然無法無天的肆虐，把一切既存的東西毀壞，以尋找最大的快感。沙德要豎立這種超法律，目的是要將一切法律摧毀，享受破壞的快感。

　　無論是被虐或虐待狂，痛苦和快感都是相互糾纏，無法分割的。根據德勒茲，這種痛苦與快感的連結，跟「愛慾」(Eros) 與「死慾」(Thanatos) 的結合有十分密切的關係。「愛慾」與「死慾」是佛洛伊德《快樂原則以外》(Jenseits des Lustprinzips) 一書中的兩個重要觀念。「愛慾」是生命的直覺，是一種能夠把生命的有機物質凝固團結的力量。但佛洛伊德同時發現，所有生命有機體都有一種死亡的直覺，亦即所謂「死慾」，不由自主地要不斷回到無生物的靜止死寂狀態之中。「愛慾」的存在，其實早已包含了「死慾」作為它的一個組成部分。照佛洛伊德所說，死亡的狀態永遠先於生存的狀態出現，而生命的最終目的就是要回到死亡。這兩種合二為一的直覺，都被重複的動力所支配。「愛慾」不斷重複地組織結合有機體，以求達到生存的這一刻，而「死慾」則不停地拆散這些有機組合，為求重複地回到原初的死亡沈寂狀態。

　　德勒茲認為，沙德的虐待與馬撒的被虐都是依靠重複的動力來持續暴力與折磨的痛苦與快感。但他發揮說，重複是一個時間的綜合，或超越的綜合。重複綜合了過去、現在與未來。重複在虐待與被虐狂之中完全脫離了常規，變成了一種可怕的獨立力量。重複不再是為了得到快感，而純粹是為了重複而已，彷彿已成了

「死亡的動力」。

　　「色慾文學」呈現了重複的可畏力量。重複並不是簡單地跟循、模仿或照樣複製、倒模式地再生產。它的可怕力量在於它並不因循被重複的事物，反而不斷威脅原初的事物，挑戰原作與模仿之間的等級權力關係。虐待與被虐狂之中的重複力量，扭曲了所謂正常性愛活動所追求的快樂與傳宗接代的目的。痛苦的煎熬與肉體的破壞，才是虐待與被虐的重複力量的效應。重複變成了一個絕對的否定，是對真實的一種抵賴。「愛慾」重複地追求令人愉快的經驗，但同一時間，在這個重複的過程，已包含了原先的無生命的「死慾」狀態。「愛慾」不斷渴求，努力尋求並延續生命力量，但它最後的終站，只是要返回最初的「死慾」裡去。

　　沙德與馬撒的文學顛覆了法律權威，表現了慾望的變態面目。然而，他們所代表的並非僅是常規中的例外，相反，他們的虐待與被虐狂正好透視了常規的本質就是越軌，本身便是病態。法理背後不是善良或公義，只是殘忍地肆虐及懲罰。被虐狂的幽默，是將這些殘暴的懲罰當成是一種樂趣，一種法律不容許的快感。

　　在《卡夫卡：作為少數文學》中，德勒茲和伽塔利直截了當地說，根本沒有所謂權力的慾望，因為權力本身就是慾望。這種慾望不是一個欠缺，相反，本身已自我完備，是一種運行和操作。大部分的卡夫卡學者都認為，在卡夫卡的小說之中，法律代表了神祕的、遙不可及的超越力量，是神死亡以後，佔據了神的位置的一種深不可測的可怕魔力。然而，德勒茲和伽塔利卻不完全認同這種說法。他們沿用他們合著的《反伊底帕斯》的論點，亦移植了《自虐研究》對法律與色慾的一些看法，指出法律在卡夫

小說中代表什麼這個問題並不重要。關鍵性的問題是：法律如何運作？他們發現法律其實像慾望一樣地運作。

　　法律在卡夫卡的作品中並不是一個先驗超越的存在體，而是一種內在的動力，像慾望的迴環線路。法律永遠沒有被明確地呈現，也沒有任何一個身分顯彰的人物可以代表法律。在卡夫卡的小說裡，法庭裡住著一大群千奇百怪的人，通往法院的路迂迴曲折。法庭像一個妓院、像一個貧民區，轉彎抹角的建築，通道接連通道，一段一段的遭遇互相聯繫，推動進展，是一個根莖的分佈圖。法律如果仍然有層層的等級制度的話，它運作的時候已完全變成一個迷宮裡亂竄的路線圖，並不指向一個固定的核心或目標。

　　無可否認，父親的形象在卡夫卡的作品裡隨處可見，但這並不就表示他的小說受制於伊底帕斯情意結，或受制於父親之名的法律。德勒茲和伽塔利認為，卡夫卡的伊底帕斯，不是典型的神經過敏者的伊底帕斯，而是一種變態的伊底帕斯。這個變態的伊底帕斯，在卡夫卡的作品裡，把父親無限量的放大膨脹，這種毫無節制的誇大，反而將父親變成一種荒誕又滑稽的事物。換句話說，父親不再是權力核心的代表。卡夫卡把這種父權形象推到極端，使其變向為另一種事物，改變了權力的關係及處境。父親像一個吹氣娃娃，不斷被吹氣而脹大，直至再脹無可脹，爆成碎片。在德勒茲和伽塔利眼中，卡夫卡並沒有表現伊底帕斯情意結，相反，他令伊底帕斯的結構變形扭曲，加以戲謔。

　　扭曲變形的策略，其實是要加速變向的過程，尋找「逃跑的路線」(ligne de fuite)，改變既定的結構和處境。卡夫卡的小說《變

異》(*Die Verwandlung*) 裡，男主角清早起來變成了一隻昆蟲，不
是要比喻什麼，或要講述一個寓言。德勒茲和伽塔利認為，男主
角的變向昆蟲只是一種運動、一個逃跑的方法，要跨越一個門檻，
逃脫由父親所統治的家庭，謀求變更他自己所置身的處境。將卡
夫卡的小說看成是一個見證神的死亡與人類飽受折磨的寓言，在
德勒茲和伽塔利的眼中，都是過分嚴肅死板的學究觀點。他們認
為卡夫卡的作品其實充滿了喜劇意味，常常引人發笑。這並不表
示卡夫卡所寫的不是教人悲傷的事情，而是他能夠從悲劇或令人
哀痛得喘不過氣來的情況下，找尋出逃跑的路線，流向一個新的
領域，變向為另一個處境，因而製造出喜劇效果。卡夫卡不是要
發明一個嶄新的觀念，要與舊的想法對著幹，這種對抗性的行徑
只能夠證明，所謂「新」的事物純粹是為既存的東西而誕生，始
終無法擺脫舊有的系統。卡夫卡的意圖則是找出一個逃亡的缺口，
讓固定的關係流動，或甚而幫助既存的系統無量限擴張，推向極
至，而不得不產生改變。

　　同時，德勒茲與伽塔利又認為，卡夫卡的小說並不是那種內
省性的、與社會現實無直接關係的作品。西方文評家往往有這樣
的假定，以為在西方文化之中，私人領域與公眾空間有一個極之
明顯甚至不可踰越的鴻溝。在這個公私分裂之下，西方文學藝術
都是個人的、內省性的，是關於人生宇宙的普世性問題，而不直
接指涉特殊的社會歷史環境，文藝同時亦是私人空間的捍衛者。
在《卡夫卡》一書裡，德勒茲和伽塔利卻不接受這種二分法的界
定。他們從卡夫卡的作品中，牽引出「少數文學」的觀念。

　　以華沙及布拉格的猶太裔文學為例，德勒茲和伽塔利認為「少

數文學」並非來自少數族裔的語言，而是少數族裔在主導語言之中建構起本身的文學。卡夫卡是住在布拉格的猶太裔人，他以德文寫作，但其實是置身於多種語言之中，沒有一種語言對他顯得特別親近。卡夫卡在農村長大時，所學的是捷克語，但城市生活卻以德文作為官方及商業應用的語言。然而，這種主導的應用德語，又與歌德所代表的德國文學語言關係疏離。至於希伯來文這種宗教語言，卡夫卡是在他的晚年才開始學習的。這種語言的迷失、缺乏歸屬感，不僅是布拉格猶太人的問題，也是全球所有少數及邊緣族裔與社群切身面對的課題，像說俄語的猶太人，說英語的愛爾蘭人、美國黑人、美國印第安人、說漢英夾雜語言的香港人、說漢語的臺灣人、說法語的越南人、非洲人等等。德勒茲和伽塔利因此認為，「少數文學」的第一個主要特徵，就是它的語言有強烈的反領域劃分化的程度。「少數文學」的語言也許表現了某種枯竭貧乏的現象，但同一時間又呈現出繁雜變更的效果，將一個文法句法清楚劃分的主導語言弄得支離破碎，不斷變向奇異的他物。這種破碎、貧乏及變異的特徵，反而成了「少數文學」的創作力。德勒茲與伽塔利甚至說，所有偉大的作家都是要在他們的母語系統之中變為一個異鄉人，將熟悉的語言陌生化，像學外文般運用本身的第一語言。

　　「少數文學」的第二個特徵是它的政治性。一切關於個人自身的故事都迅即與政治拉上緊密關係。卡夫卡小說所描寫的官僚架構及迷宮似的權力運作，完全超出個人的表達，而是屬於社會政治的層面。即使卡夫卡大量觸及父子關係的家庭問題，德勒茲和伽塔利則認為，這並不局限在伊底帕斯情意結的處理上。「少數

文學」的第三個特徵承接第二個：這種文學作品不僅是政治社會性的，它還代表了一種集體的社群的價值觀。「少數文學」之中沒有所謂獨當一面的大師，少數文學作家的所思所感其實是一種集體的發聲，表現了一種集體的意識。即使少數文學作家孤立地處身於他的社群之外，這種環境更佳地為他創造機會，去表達一個社群的聲音，變向一個多重集體的意識與感性。德勒茲與伽塔利對「少數文學」的定義，吸引了非西方文學研究者的廣泛興趣，用以應用在西方世界裡的少數族裔文學及第三世界文學作品之上。

不過，德勒茲與伽塔利的「少數文學」觀念，顯然地不可能全盤照搬地套用到非西方文學研究上。因為他們的觀念有明確的歷史性及針對性，目的是要挑戰西方文學以個人主體為核心的傳統定義，要變向一種多重性的創造節奏。文學對他們而言是一個建制，是一個在特定歷史時空產生的建制。這個建制一直被自我主體所支配，壟斷著核心的霸權地位。在《千高臺》裡，德勒茲和伽塔利指出建制是一個複雜的機制，它除了包含有機性的等級組織（以自我主體為最終核心），也同時存在其他游離的單一體或多重體，潛伏性地以不斷的流動性去挑戰及滋擾穩定的權力中心。「少數文學」的觀念，其實就是要瓦解主體的霸權性，質疑自主自足性及原創性等正統文學的金科玉律，打破語言的統一純潔性，藉以解放那些分子式的力量，重新集結成新的「裝配」。

如果以時間的觀念去看「少數文學」，德勒茲和伽塔利是要將建制裡擁護的永恆不變的文學價值時間化。文學經典往往被視為是具有超越歷史、文化、種族的普世性作品，「少數文學」的觀念

卻是要混入時間流動性的元素，拆散文學殿堂的非時間性基礎。在「少數文學」裡，語言不停地異化變遷，作家不能再躲藏在自我主體的保護罩內，而要面對多重複雜體的衝擊。嚴格地說，「少數文學」其實並非真正在談論某個少數族裔或社群的文學作品，而是指向一個不可逆轉的現象：主流文學不斷在瓦解，無可避免地變向「少數文學」。所以，「少數文學」實際上是一個流動位置或一種狀態，而不是一個特定的實體。這難怪一些評論家投訴，德勒茲和伽塔利的「少數文學」觀念不能應用到具體的少數文學作品之上。不過，應用是另一種創造，「少數文學」是否可以在其他文化領域中運作順利，要視乎運用者的創意及變向能力了。

　　《卡夫卡：作為少數文學》是德勒茲和伽塔利試圖將分裂分析「應用」到文學上的一部書或一部「裝配」。「少數文學」對他們來說，其實是一種精神分裂的文學，而不是一些識別身分的準則。「少數文學」基本上是抗衡伊底帕斯式的權力結構，具有自我拆解的能力，能夠解放文學及語言裡的張力。原則上，德勒茲和伽塔利並不是特別要標舉一種少數族裔或社群的文學作品，他們其實是要描述文學的一種變向過程，將文學解構並再定義，讓文學的潛在力量得到發揮，而不是為某一種文學翻案，並將之推舉到文學殿堂的位置上。

　　說到具體的文學作品，德勒茲似乎特別重視英美文學。他在〈關於英美文學的優越性〉(On the superiority of Anglo-American Literature) 一文中，引用勞羅斯 (D. H. Lawrence) 的話，認為文學的最終目標是要「離去、逃亡……跨越界線，進入另一個生命。」德勒茲認為英美作家如哈代 (Thomas Hardy)、梅爾維爾 (Herman

Melville)、史蒂分遜 (R. L. Stevenson)、彌勒 (Henry Miller)、烏爾芙 (Virginia Woolf)、費茲傑羅 (F. Scott Fitzgerald)、卡洛 (Jack Kerouac) 及勞羅斯等,是真正懂得如何創造逃亡路線或透過逃亡路線來創作的文學家。逃亡不等於避世、向現實投降或放棄所有承擔的義務及責任。相反,德勒茲說,沒有任何一樣東西比逃亡更積極主動。逃亡是要找尋新武器,對抗舊制度,變向不同的狀態,改變不利的處境。德勒茲認為法國文學完全不懂得什麼是逃亡,法國作家只關心過去與未來,而不明白這一刻或每一刻的變向與張力。法國文學過分注重歷史性,著眼於大處的樹木,而不理會根莖,更不會隨著根莖的分佈擴散四處遊走。像法國的結構主義,是典型的定點與位置的系統,阻礙逃亡路線的速度。

逃亡並不等同旅遊或移動。逃亡可以是完全靜止不動的旅程。真正的游牧者不一定是移民或旅客。游牧者集結在大平原上,在某個地點裡發掘逃亡的路線,創造新的武器,抗衡在城牆內的既有勢力。法國文學裡當然也有寫旅遊,但德勒茲覺得法國人的旅遊太過歷史、太過文化,也太有組織性。他們不是真正的遊動,只是將自我搬來搬去而已。事實上,不少旅程都不是逃亡性的,而是回到本源、回到原初的核心,將自我再領土分劃化 (reterritorialized),劃入固定的符號示意系統之中。德勒茲認為英美文學卻能經常表現出與既有系統決裂的特徵,不斷地反領土分劃化 (deterritorialized),發現新的逃亡路線。

在德勒茲的眼中,寫作就是要探尋逃亡的各種路線。寫作本身便是一個變向過程。寫作不是要變為一個作家,得到世人的認可或嘉許。寫作是要與那些「少數」接通某種互換的關係。這不

是簡單地代表那些沈默的被壓逼者發言,因為這樣只是將那些「少數」群體視為被動的客體而已。德勒茲帶點諷刺口吻地說,福婁貝爾 (Gustave Flaubert) 所謂的「包法利夫人就是我」(*Madame Bovary, c'est moi*),其實是一個歇斯底里患者的痴心妄想。即使是女性作家也不可能經常令自己寫得像一個女性。事實上,變向不是模仿,寫作不是要模似被寫作的對象。寫作是要與那些少數接通逃亡的路線,互相流動改變,鬆懈既定僵固的領域界線或身分認同。故此,寫作並不是求「聞達」,因為寫作絕對可以引致身分的喪失,令本來以為擁有的自我消失於無形。作家往往是一個叛徒,他/她背叛國家民族的意識形態統治,背叛自己的階級,甚至背叛自己的性別。結果他/她浮游飄蕩,沒有一個可以安身的自我主體。

　　對德勒茲來說,寫作並不是一件容易的事。它是一種冒險,因為變向無法預測。為了追索逃亡的路線,不少作家都走上自我摧毀的道路,像費茲傑羅的酗酒,或烏爾芙的自殺等等。德勒茲說,危險無可避免,但卻不一定要墮入這些浮沙或黑洞之內,因為寫作的目的始終是要製造真實、創造生命、尋找新的武器,而不是要毀滅自己。寫作是要讓一道流量與其他流量接通結合,而不是霸佔疆土領域。德勒茲指出,很多人以為寫作或藝術創作主要是關於開始或終結的,於是將中間的一大段東西完全忘掉,最後跌入宣言或教條的黑洞之內。其實寫作往往是中間介入的,開始每每都不是從頭開始,而是從中段開始,願意接駁那些中斷了的路線,讓流量穿過兩邊懸崖的峽谷,跨越無底的深淵。德勒茲認為最有趣的永遠是中段,不是開始也不是終結。中段是個有趣

味的處境，但也是一個最不舒服的處境。

從這個意義看，寫作呈現一種存在本質。人在時間流裡總是置身在「永遠已經發生中」(always already/*toujours déjà*) 的處境。人永遠不知道歷史時間的源頭，生命的起因，同時亦沒有能力猜測時間的流向、未來的歸宿。無法追溯過去，不能預知將來，文學藝術表現了這個「中間」或「之間」的困境。然而，要繼續生存，要創造生命就必須活在這一刻，在這一刻中發揮流量與張力。一味懷緬過去，或過分擔憂未來，就只有死路一條。

繪　畫

在《培根：感覺的邏輯》一書裡，德勒茲雖然同意英國畫家培根的創作生涯裡有三個時期（形象時期、調性扭曲時期，以及兩者的綜合時期），但他始終認為這三種元素在培根的畫作之中是同時存在的。藝術裡的時間性，在德勒茲的觀念裡，從來都不是直線順序的，而是共時性的綜合張力。藝術所呈現的那一刻現在，同時包含了過去與未來。不過，德勒茲在這部不太受人注意的書裡，卻似乎是要企圖寫一部關於繪畫藝術非形象化或扭曲化(*défiguration*) 的歷史。而培根的畫作就是現代繪畫非形象化過程的一個高峰點。德勒茲認為有兩種現代的處境，令現代藝術可以從具象的再現功能之中解放出來：㈠照相的興起，取代了繪畫的記實作用，讓繪畫可以向其他領域探索；㈡社會愈來愈變得世俗化，使繪畫藝術不再需要以模畫宗教聖人聖像來表達基督的題材及價值觀。德勒茲其實並不十分詳細地討論這些歷史改變，他所

指的歷史性，並非是一般的歷史事件交代及敘述，而是在繪畫表面流線之後的歷史時間運動。

這種歷史運動就是一種感覺的邏輯、一種力量，將形象扭曲變形。德勒茲並不是說，繪畫藝術中的形象與非形象化是一件作品高下優劣的標準。他只是要指出，在現代的處境下，照相及電影技術的日漸普遍，必然促使繪畫藝術走上非形象化的實驗路途上。德勒茲認為繪畫要擺脫具象的圖形表達，通常有兩種途徑：㈠透過抽象手法，走向純粹的形式；㈡把形象非敘述化及完全抽離。英國畫家培根便是以第二種方法去進行他的創作實驗。

培根運用平面空間、形象和卵形的輪廓線條三種元素的結合，將現代藝術帶離形象化的傳統道路。德勒茲這樣描寫培根的畫作：在平面上的均勻色調，被捲進一種運動裡，因而形成了一個圓柱體；它纏著輪廓、中心，將形象包裹及囚禁起來。於是形象被徹底地孤立，但亦配合著各種流動力的運動，變成了運動本身。

形象在培根的畫作不是一個臨摹性的再現形象，而是一種能量的運動。形狀不斷隨線條改變，也不靜止地改變著整個背景及處身的場地。德勒茲認為，培根所畫的形象是一個充滿暴力又徹底地在變向中的身體。身體就是一個變向過程，一個劇烈的變向。培根所繪畫的肉體像在痙攣抽搐，整堆扭曲的血肉在嘶喊，不斷地變形。德勒茲說培根的畫是一個歇斯底里的場景。肉體的抽搐扭動，是在追求著愛，或者在嘔吐又或者在腐爛。肉體經常在逃避著它的器官，與背景的平面線條結合。培根所畫的叫喊，彷彿是整個軀體要從叫喊的口裡逃亡出來一樣。這個張開的口，卻是一個空隙，讓具體再現的形象消失、變成流動的力，引向不止息

的變異。

　　培根所繪畫的肉體的變向，不僅是向外部的變異建立不可分割的關係，同時也是對內在組織的一種顛覆，把形象的輪廓線條徹底擾亂。德勒茲認為在培根的作品中，人的主導地位被嚴重挑戰。他的肉體人獸不辨，是人類與動物混雜得無法區分的地帶，是一種卡夫卡式的「動物變向」(becoming-animal)。另外，培根很喜歡畫一些有基督宗教意象的作品，如一個肉體被釘在十字架之上。德勒茲指出，這種十字架上的肉體圖像充滿了張力，一方面軀體企圖攀上天國的光芒，超越世間的混亂，另一方面那堆沈重扭曲的爛肉又不斷下墜，跌向它原來的獸性。

　　培根在德勒茲的眼中是一個將再現性的形象扭曲化的現代畫家。他認為只有打破繪畫的形象性，才有希望將感覺全面顯現無遺，恢復感覺本身的力量。培根所繪畫的身體，不再代表任何一種客體或對象，而純粹變為經驗性的感覺，以非敘述及非故事性的方法呈現出來。這種感覺來自一種絕對的力量，它流遍所有領域，令一切界線氾濫。德勒茲說，這種力量是一種節奏，比任何視覺或聽覺經驗都要強烈。這種感覺的邏輯是非理性的，也是歇斯底里的。

　　德勒茲在這裡再度應用沒有器官的身體這個觀念。他指出培根的身體或許仍然是有關主體的，但這個主體卻是破裂的，溢滿了能量和張力，與有機組織無關，而是一個逃離器官、沒有有機體的身體。培根的作畫方法挑戰傳統的有機再現形象，但同一時間亦對抗抽象的畫法，反對抽象畫把一切化為幾何圖案的結構。

　　像他理解卡夫卡的作品般，德勒茲認為培根畫的扭曲嘶喊的

身體，並不代表恐怖絕望或哀歎存在的痛苦。相反，這其實是對生存或生命信念的宣言。視覺表象的暴力與恐懼，不等於是感覺的暴力。德勒茲解釋說，培根實際上是要表現一種打不垮的肉體，面對暴力、傷殘及腐朽，這個身體仍然充滿了流動不息的生命力，證明了感覺在不同的層次上流注，產生回響共鳴，為生命加強了新的力量。德勒茲注意到，培根的作品中都並不只是一個身體的描繪，而往往是兩個身體的交合結纏，或像在扭打，或像在交歡。即使是一個身體的畫像，也隱隱可以看到彷彿是人與獸合體的狀態。此外，培根又喜歡繪畫三聯畫 (triptychs)。德勒茲更認為，這是肉體的多重繁衍，互相對照指涉，而沒有一個支配性的中心。三幅相聯的圖畫更增加了變向、震盪與回響的可能性，為作品提供新的節奏。

　　培根的三聯畫不是敘述性的，也不指向任何直線順序的時間運作。反之，三聯畫擾亂了時間的順序性，突出了過去、現在與未來三個時刻的共時混合，增強了感覺的震撼與波動。感覺從一個時刻走向另一個時刻，從一個層次伸延到另一個層次，製造了種種律動與節奏變更的可能性，擴大了機遇的元素，尋找得到新的張力。

　　無可否認，德勒茲的詮釋具有十分強烈的傾向性。他試圖用培根的畫作，去找出一種脫離二元對立結構意義以外的純感覺及力量。他對培根作品的閱讀，不是依照著有機組織性的部分與整體之間的聯合，而是一種甚有創造性的流動的符號繪圖法。他不是要將扭曲的形體變成明確的意義，而是接受這些身體代表了一種衍生擴散意義的力量，而感覺則是一個渾沌的狀態。

電　影

　　在《電影一》的英文序言中，德勒茲開宗明義地說，這部書不是要講述電影歷史的，而是對某些電影技術的觀念進行個別性的探討。然而，這部書卻又是以順序的形式從早期默片一路談論到二次世界大戰的電影，儼然是一部電影史書般。一如他對卡夫卡及培根的態度般，德勒茲處理不同的導演，都並不把他們看作是個體的天才，而是視他們為創造力量、感覺與觀念的文化工作者。換言之，電影導演、作家、畫家、哲學家與科學家都不過同是觀念創作者，本質上沒有什麼分別。對於德勒茲來說，電影就是一種哲學（不同於一般人所說的「電影的哲學」）、就是一個思想。理解電影，就是理解一種現代思潮；描述電影的發展經過，就是要去了解這種現代思潮的歷史時間運動、它的危機、斷裂與新的可能性。

　　電影是一種影像與符號的實踐，而不是要反映什麼，同樣地，思想亦是一種影像與符號的實踐，而不在反映意義。電影本身便是一種思想的反省。借用柏格森的觀念，德勒茲認為電影影像共有兩種：一種是運動，一種是時間。這個分類某程度上成了將電影歷史時間化的一個準則。德勒茲說，經典電影都是關於運動影像的，而現代電影則主要是時間影像的。他認為二十世紀上半葉的電影都是以運動影像為主的，但二次世界大戰之後，時間影像卻支配了電影。不是所有人都同意德勒茲對電影發展作這樣的劃分，然而德勒茲的運動與時間的觀念在他的哲學思想裡，卻顯然

是有特殊意義的。

　　所謂運動影像 (movement image/*l'image-mouvement*)，並不是個一目了然的觀念。它甚至不是指運動的影像 (the image of movement)，而是指影像本身的一種運作狀態。不少主流的電影評論者（如結構主義、符號學研究者）認為影像是一種語言，背後潛藏著某種意義或密碼，經過對影像敘述的詮釋，才可以將隱藏的意義解碼。德勒茲卻並不認同這種看法。他認為電影影像不是要指向某種潛伏的意義，然後再引向一個已經消失或不存在的現實。電影影像本身就是一種經驗、一種現實。它是多重複合體，是先於語言存在的物質實踐。電影影像不是潛藏意義的寓言，不會穩定地指向一個敘述故事。相反，由於電影影像是多重複合的現實，它往往是不穩定的，也同時令其他與它接觸的事物變得不穩定，改變舊有的關係，產生新的可能性。

　　挪用柏格森的理論與柏斯 (C. S. Peirce) 的學說，德勒茲將運動影像理解為是一種知覺過程或作用，或一種感情認知。它不全然是主觀，也不能說是純客觀的，而是游移在主觀性與客觀性之間，引起參差混雜。德勒茲在書中就個別導演的作品，詳細分析運動影像的功能並將之仔細劃分。他認為運動影像共有三種類別，分別為知覺影像 (perception-image)、感情影像 (affection-image) 和動作影像 (action-image)。德勒茲指出，任何一個影像或所謂偶然地出現的中心，都是這三種影像的結合裝配。任何一部電影都不可能只有一種影像，而是三種影像的綜合。德勒茲又稱這種結合裝配為「蒙太奇」或綜合畫 (montage)。

　　三種影像固然都是關乎運動，有很強的反領土分割化的特徵，

製造了不穩定的形式，令電影敘述的連續性中斷，產生了破碎的空間。例如感情影像就能製造出一個「諸如此類的空間」(any-space-whatever/*espace quelconque*)，令一個本來統一完整的系統斷裂，變得十分不明確，任由感情的浮動帶領，再創造新的聯繫。德勒茲說這個「諸如此類的空間」很多時在實驗電影之中出現，打破了行動的敘述以及明確空間的連續性。不過這個「諸如此類的空間」許多時候都不是電影中的一個具體現實，而只是以可能性或潛在性的方式出現。相反，在動作影像之中，運動往往能夠落實，在一個特定的處境之中真正發生，變為一種感覺、情緒或者行為，即德勒茲所謂的事物的狀態。這是由可能的潛在性變為具體的落實過程，亦是美國電影所表現的一種「現實主義」模式。德勒茲認為這是主流電影的重要特色，那就是動作影像的落實。

動作影像產生了兩種電影形式：㈠大形式，即由一個充滿張力的處境，演變為動作；㈡小形式，則由動作開始，引申到一個不同的處境。德勒茲認為在荷索 (Werner Herzog) 的電影裡，這兩種大小形式都有同時應用，並且變為形而上的純粹觀念。在《電影一》的最後一章裡，德勒茲卻集中談論這種已成了主流的動作影像所面對的危機。他認為懸疑片大師希區考克 (Alfred Hitchcock) 是總結運動影像的精粹的重要導演，但同時亦令運動影像發展到盡頭，使它出現生死存亡的危機。在希區考克的罪案電影裡，往往由第三者的存在去見證一宗罪案，而這個第三者亦即是觀眾的視點。電影於是不再局限於導演與電影作品之間的關係，觀眾的視點變成了電影的一部分，挑戰了電影影像過往被接受的客觀性質。義大利的新現實主義與法國的新浪潮，正是針對

經典電影的危機而興起。電影影像最初數十年的發展，已逐漸淪落為陳腔濫調。第二次世界大戰的嚴重衝擊，亦令人開始懷疑電影影像所呈現的所謂真實性。

　　德勒茲因此認為，電影在二次大戰後，已經從運動影像過渡到時間影像。時間不再受運動所支配，反而製造了虛假的運動以及不真實的延續性。現代電影的影像不再是由連續性及理性剪接所聯繫，相反，影像與影像之間的關係是由非理性的剪接及虛假的連續性所維持。現代電影喜歡表現時間，表現它的陳舊厭煩和無止境的等待。時間影像並不等於倒敘或回憶，因為時間影像超脫了時間的順序延續性，而是一個蘊藏多個時刻、多種層次的「期間」(durée)。德勒茲認為動作影像已被純視覺與聲音的影像所取代，戰後電影不再強調行動，而只是注重觀看，因為現代電影裡的現實已經變成了一個彌散、不完整而又游離不定的現實。事件與事件的聯繫性減弱，變得浮動，不再容易被再現。這種剛被解放的新感性，迅即與時間產生密切的關係。

　　在不同的場合之中，德勒茲三番四次地說過，時間帶來變更，但時間本身卻是一個不變的形式。時間本身不變，但卻能引發很多不穩定的因素。現代電影以視覺影像表達時間，亦同時呈現了這種不穩定性質。根據德勒茲的理解，現代電影很多時是環繞一個難以辨認的據點而開展它的影像流動。所謂難以辨認的據點 (a point of indiscernibility) 是指現代電影中，主觀與客觀、真實與想像之間的分野，已經變得不易分辨，令一個處境常常產生不尋常的感性。現代電影的難以辨認性質驅使了新影像的誕生。德勒茲指出義大利的新寫實主義和法國的新浪潮電影，都能夠細緻地觀

察日常生活的物件與環境，並且能令那個處境裡的視覺與聲音元素成為獨立自主的存在，為電影創造了新的符號，德勒茲叫這些符號為「視符號」(opsign) 及「聲符號」(sonsign)。它們切斷了舊有感官動力邏輯下的聯繫，建立了新的夢幻般的聯繫。

運動或動作在現代電影並沒有完全終止，只是從既有的邏輯因果律中被解放出來，變得脫離常軌，更加非中心化，讓視覺及聽覺的處境更為自主獨立，令時間影像直接地呈現。時間影像與運動影像最大不同的地方是，時間影像不是空間性的，也不是實際的 (actual/actuelle)，而是虛擬的 (virtual/virtuelle)。虛擬的時間影像並不表示它不真實，而是它對既有現成的真實或濫調不斷地進行抗爭。虛擬性當然並不是時間影像的全部，時間影像亦有它實在的一面，但實和虛在時間影像已變得不易分辨，無法抓緊。這種曖昧性其實是對抗既定現實與陳腔濫調的一個重要特質。德勒茲稱這種影像的特性為水晶影像 (crystal-image)。這個水晶有透明的地方，也有完全不透光的一面。

另外，德勒茲又提出「虛假的力量」。他認為時間影像令真實這個概念出現危機。矛盾相互排斥的現實、不真實的過去及幾個同時存在的現在都可以在現代電影中出現，令真實與想像變得難以辨認。虛構甚至取代了真實，成了現代電影藝術創作的重要力量。然而，電影的虛構力量是否有利於思考呢？德勒茲引述愛森斯坦 (Sergei Eisenstein) 的話說，電影的運動影像提供了一種驚嚇作用，刺激我們的思想。但他又立刻借海德格的說話去反駁：人具有思考的可能性，但這種可能性不能保證我們真的有能力思想。

電影與思想的關係，並非是一種整合，而是一個斷裂。德勒

茲發揮阿托對電影的觀點說，電影並不是有力量令我們思考整體，相反，電影的游離力量讓我們看到表象裡的漏洞，聲音裡面的另一個聲音。阿托將愛森斯坦的論說推翻，認為影像之內並沒有什麼內在的獨白。阿托說電影只能夠思考一樣東西，那就是我們還不曾思考的事實。電影的思考力量來自它的無力感：電影沒有力量思考整體以至自身，既有的思想已經倒坍，但新的思考未來，這正是最刺激思考的事實。無法思考的東西，正是引發思考的最大力量，它既是障礙，亦是生機泉源。現代電影正是指向這種無法思考的東西，在可以看見的東西之中製造騷亂，在人與世界的關係之中產生不能忍受的干擾。電影不是要我們去思考顯明的影像，而是要我們去思考思想中隱而不露的事物。對德勒茲而言，電影人像哲學家般，他們用影像和符號的實踐去思考及創造。

第五章

歷史的重複與差異

　　馬克思在《路易・波拿巴霧月十八》(*The Eighteenth Brumaire of Louis Bonaparte*) 裡，一開始便說：黑格爾認為世界歷史裡任何重要的人事都會發生兩次。但黑格爾忘記補充說，第一次是悲劇，第二次則是鬧劇。馬克思接著又說：人類創造他們本身的歷史，但他們不能隨心所欲地創造。他們不能選擇客觀環境去創造歷史，那些環境都是直接從過去傳承過來的。歷代逝去者的傳統像惡夢一樣，重重地壓著活人的腦袋。

　　德勒茲雖然並不被看作是一個馬克思主義者①，但馬克思在《路易・波拿巴霧月十八》中提出的問題，卻一直是他所關注的題目。首先是歷史的重複性問題，也就是時間的運動與模式的問題。其次是人與歷史的關係，歷史的支配性以及被挪用的可能性。歷史是否像陰魂般不散地纏擾著人？還是歷史不過是一副面具而被人借用來上演一齣別有用心的戲？當然，這種非此即彼的理解歷史方法，未免有點過分絕對化。對德勒茲而言，歷史的運動不是受超越性的定律 (transcendental principle) 所支配的，而是交織成一塊「內在性的平面」(plane of immanence)。歷史的內在性是相對於組織性或有規律的發展而言。歷史的內在性或許就是一種無秩序狀態 (anarchy/*anarchie*)，但也不是完全沒有任何秩序，而是在每一個動作之中不斷地改變秩序，不斷地創造新的秩序，不斷地衍生多樣化的形式。

　　歷史作為內在性的平面，不再是由主體所控制，而是分佈擴散為根莖式的多重複合體。在歷史這個內在性平面上，只有事件的個體性，沒有統一或整體性；只有「這裡」(haecceities) 的此時

①　據聞德勒茲在去世前一段時間，正在撰寫一部關於馬克思的著作。

此刻的絕對性，沒有概覽式的綜合。歷史的平面上盡是游牧性的本質，不斷的變向與連綿性的張力。歷史的內在性平面不是一個層層疊疊的地層，沒有那種階級有序的樹幹組織結構，而是一個沒有組織、沒有器官的身體。歷史作為這樣的一個身體能夠做些什麼？

　　某程度上，所謂歷史不過是關於身體與外界的關係或身體與身體之間的接觸。身體與外物的關係是認知論的範疇，而身體與身體之間的交往，則是屬於倫理的領域。身體的組成與分散，共處與衝突，在在都說明了身體其實並不是一個穩定靜止的單元，相反，是在不停地變化，充滿了能動性的關係。沒有人能夠肯定歷史作為一個身體可以做些什麼，因為沒有人真正明白身體的組成結構，以及它的種種功能。要解釋歷史的運動，德勒茲認為就要理解歷史這個身體的內在組合及各種潛在作用。歷史的身體不是一個有機體，但它是一個聯繫網絡與能量交匯流動的組合。

　　在這個充滿了流動力量的網絡之中，有影響性的力量，也有被影響的力量。這些力量有來自人的行為的，也有來源於自然的力量。往往自然的力量比人的力量為大，人在歷史的存在意義，便是如何被動地受外來力量的影響。因為這些力量不是由人所產生或控制，所以歷史力量的交匯便充滿了機遇或偶然性的因素。對德勒茲來說，歷史因而亦不可能受某種定律所支配。

　　不過，在《反伊底帕斯》的第三章裡，德勒茲和伽塔利卻給予人一個印象，是他們試圖用符碼 (code) 這個定律去解釋歷史的發展。有些評論家甚至將德勒茲的解釋歸納為一條程式：符碼化 (coding)——超符碼化 (overcoding)——解符碼化 (decoding) 或再

符碼化 (recoding)，藉此涵蓋人類歷史從原始野蠻到文明社會的進展。於是原始野蠻時代是符碼化的方式，亦即是前資本主義的生產方式，而文明時代則是解符碼化的方式。詹明遜 (Fredric Jameson) 便曾移用德勒茲的符碼化解釋，去對比資本主義及以前的生產方式的改變。詹明遜對德勒茲的引用十分簡潔有力，亦明顯地能夠配合他常常提及的三階段資本主義發展的模式(詹明遜所謂的三個階段，是國家資本主義階段、壟斷資本或帝國主義階段，以及晚期或多國化的資本主義)。為了套合他的階段論，詹明遜把德勒茲及伽塔利的理論，解釋為是一種直線演變的順序程序。然而，德勒茲他們卻不把自己的歷史描述看成是必然地順序線性的。

　　德勒茲和伽塔利認為，具普世意義的歷史或所謂大歷史，都是偶然性的歷史，而不是必然性的歷史。這種偶然性歷史的特色是斷裂與界限，而不是連續性。出其不意的意外或遭遇才是歷史的必然性，因為歷史的洪流往往能夠擺脫符碼化的掣肘，而產生新的生產機器。他們的理解是，每一個歷史時代的社會機器（特別是前資本主義時期的），目的都是要把慾望符碼化，換言之，是將慾望橫流規劃及限制。資本主義相反地卻是一種解放慾望的機制，亦即是把慾望解符碼化，任由慾望重新流動，達致它們的極限。從這個角度看，資本主義是所有社會組織的惡夢。資本主義的出現令所有社會的既有符碼制度崩裂瓦解，促使慾望橫流，讓舊有的符碼無法再有能力可以箝制慾望。德勒茲和伽塔利要描述的，是資本主義這種摧毀力量，觀察資本主義怎樣推向它的極致。所以德勒茲和伽塔利的歷史理論，其實並不十分吻合詹明遜的三個階段論，因為他們始終堅持普世性的歷史是偶發而又充滿反諷和

矛盾的，不可能是必然地從一個階段進展到另一個階段的模式。

尼采曾經說過，人類是地球的皮膚病。人類並不是地球的主人，只是強佔在地球的表層上進行破壞。德勒茲沒有說人類在地球皮層上散播病菌，但他卻同意人類的種種行徑及事件，都統統記錄甚至刻寫在地球的表皮上。地球表層是銘刻慾望流動以及生產模式的最原始統一體，在這個表層上，勞動力的生產過程得到記載，勞動力的生產成品亦在這裡被分配並散發。原始人類在地球表面上建立他們的領土機器 (*machine territoriale*)，這也是第一個社會形式。在這個領土機器下，人類開始將一切流動不羈的東西（如慾望、生產力）進行符碼化，譬如發明可以量度計算的均勻時間、以及其他可以被量化的單位。流量因而開始被分割，像流水被切斷及儲藏一樣。符碼化的作用，主要是元素從一連串系列的流量之中分解出來，重新分類，然後再分配，組織生產、記錄及消費。人口的流量、畜口的流量、種子的流量、精子的流量以至大小便的流量，都不可能擺脫符碼化的分割和控制。

由人體器官到各種用品，全都變成符碼，融入領土機器裡。不過，在現代社會，資本主義這個制度卻促使大規模的私有化過程發生。器官不再是領土機器裡的一個公眾部分，而變得私人化抽象化了。資本主義有力量令傳統社會的符碼分崩離析，但資本主義制度亦另有一套新的符碼加諸在慾望流量之上。符碼在原始社會可以是一些十分確實的東西，它可以是部族崇拜的象徵圖騰，可以是集體記憶的記錄。它亦可以是刑罰的符碼，鐫刻在人身肉體的刺花紋，協助構成一個祭獻與酷刑的殘忍制度。

部族以土地作為一個原始的領土機器，但隨著時代進展，這

部機器漸漸變為一個更龐大也更抽象的國家統一體，以國家的君主作為它的肉身。君權、首領或貴族等的統治軀體，十分依賴親屬關係與聯姻同盟，作為它的固定或流動資本。儘管資本主義制度在那時仍未產生，但德勒茲和伽塔利則認為，親屬與聯婚已經是當時最原始的兩種資本形式：親屬股本與婚姻流動債款。原始部族透過禮物互贈或婚姻嫁娶來增加及擴張本身的權力與威望，在一塊領土上劃下更深刻的符碼。不過，這種親屬制度卻不是一個結構性的東西，而是一種有彈性的實踐方法或策略，令互換關係不斷延續，擴大生產量。

過去一些民俗學家都愛說，原始社會並沒有歷史，因為原始社會的運作完全受原型模式與重複式樣所支配。但如果歷史的派生，是指原動力及開放的社會現實、輪流間斷出現的平衡與失衡、以及由衝突所製造的改變、革新或斷裂等，那麼德勒茲與伽塔利就認為，原始社會其實充滿了歷史性。它們不動的親屬股本與流動的聯姻債款，令它們的社會充滿了原動力，製造了和諧與不和諧的缺縫，產生規律與脫軌的互動關係。

歷史運動呈現了一個奇特的弔詭：社會機器為了運作，必定要運作得不良好。換句話說，社會機器必須要出現危機或不平衡，才可達致正常的平衡狀態。一個制度只能在自己的廢墟之中重新塑造自己。每一個社會機器都慣性地自我製造矛盾、引起危機、產生混亂，因為這樣才可以令社會機器繼續改良生長。德勒茲和伽塔利指出，沒有制度會因為矛盾而死亡，危機或矛盾反而是制度發展的最大推動力。一個制度崩潰得愈屬害，就運作得更為良好，它或許對制度中的人與事帶來巨大災害，但卻對制度本身沒

有損害。

　　資本主義降臨之前的原始社會機器並非不懂得交易、商務及工業，只是這部機器像驅魔般驅除它們、局限它們在一個範疇上、封鎖它們的影響力、將商人及鐵匠貶抑在次要的社會位置上，令那些交易及生產的流量無法打破符碼的箝制。德勒茲和伽塔利不斷重申，原始社會並不是在歷史之外，它們的爭鬥與危機往往充滿了歷史性，反而真正令歷史終結的是資本主義。資本主義把一切偶然的及意外的歷史歸結到一個龐大的同化制度裡，在這個制度裡所有姻親、部族、血裔、性別、地域、文化符碼，都受到洶湧的資本流量所衝擊，接受被解符碼的過程。

　　原始社會要擴大親屬股本或聯姻債款，就要依靠餽贈或交易。餽贈或交易的東西包括：女人、消費品、宗教儀式物品、特權、名譽或地位。交易或餽贈女性，亦即所謂部族通婚是一種最有效及最具廣延性的增加親屬及聯姻資本的方法。一個部族送出女性給另一個部族，雖然代表了一種損失，但同時亦換取回來一些權利或名譽；同樣一個部族從另一個部族中娶得女性，似乎是代表了獲得某些寶貴的東西，但同時也等於喪失了一些名譽或權利。接受禮物的人，在名譽上永遠是一個欠債者；而餽贈禮物的人，雖然失去了一些實質的東西，但卻贏得尊崇和名譽，象徵性地成了債權人。

亂倫的歷史與迷思

　　禁止亂倫的法律在原始社會之中產生，是要保障部族本身所

擁有的女人不會被濫用，部族能夠具備充足的資本與其他部族進行交易或餽贈的遊戲。亂倫的禁止，同時為部族制訂了最強的家族世系符碼，它訂立了父親、母親、兄弟、姊妹、兒女的明確位置。父親不再可以與女兒有性關係，兒子也不再可以與母親上床。這同時亦創造了道德倫理的符碼，限制了慾望的流動。但對一些評論者來說，亂倫是否存在其實並不重要，關鍵在於「禁止亂倫」變成了一條彰顯的法律，建立了權威象徵。禁止亂倫的法律是典範的法律，它存在的理據只是因為法律就是法律，它有效地制止了一些東西，明確地規範人的行為，但並不表示它代表真理或公義或善良。禁止亂倫的法律不過是赤裸裸的權力行使，禁止就是禁止，即使亂倫根本不存在。亂倫可以是法律製造出來的一個神話，禁止亂倫的法律可以是完全出於偶然，正如可以訂立法律禁止人吃香蕉一樣，它的產生並不需要任何歷史事實理由；但當這個法律產生之後，它就會重新創造它的歷史源頭，散播它的傳奇神話。

　　亂倫法律的訂立還有另一個重要意義，就是它教導了人類如何去追求他們的慾望，令他們的慾望導向一個顯然易見的方向，亦同時反諷地禁止他們有這些慾望。越是被禁止的東西，人就越希望得到。人類往往只懂得慾求一些他們不能得到的東西。禁止亂倫的法律有效地在混亂的慾望流動量之中，找到一條明顯的道路，並在這條路上設下符碼藩籬，令人類的慾望局限在家庭關係之內，極力扼殺其他對既有制度有威脅的可能性。從這個角度看，人類一開始可能是並不懂得亂倫的，但當禁止亂倫的法律被創造出來，人類才開始從這個法律之中「學習」亂倫，把慾望調校到

亂倫的慾望，於是從此再不能擺脫家庭倫常道德的掣肘，喪失了引發慾望的其他潛能。

亂倫的存在與否往往是一個弔詭。沒有倫常法律禁止亂倫之前，人類根本不知道什麼是亂倫，所以亂倫基本上不存在，正如在野獸世界裡沒有所謂謀殺、通姦這回事。但當法律禁止亂倫之後，亂倫一樣不存在，因為它已經被禁止存在了。故此，亂倫是一種「不可能」。然而這個「不可能」卻是原始社會符碼機制的核心。換言之，核心其實是一種「不可能」、「不存在」的東西。

亂倫與慾望的關係，就是要證明慾望的虛假與虛構性，因為慾望要慾求亂倫，事實上是慾求一些不存在或不可能的東西。慾望不過是幻象，因為慾望只懂得追求不可能、不實在的事物。在德勒茲眼中，這是原始領域機器壓抑慾望的大陰謀。為了壓制慾望，慾望被定性為虛空的、欠缺的。制定亂倫法律的權威族長，用語重心長的口吻說：「看，你就是要這些東西！這些不存在、不可能的東西！」把慾望引導往亂倫這種被禁止的東西，將慾望符碼化為家族倫常的衝突禁忌，其實原始社會早就懂得發明這種社會壓抑機器了。

亂倫作為一個再現系統，其實是一具龐大的壓抑機器。對德勒茲而言，再現等同壓抑，壓抑以再現為手段施行統治權。亂倫這個伊底帕斯情意結，不過是一個誘人的再現形象，令人墮入這個虛假慾望的陷阱，不可能再發揮其他慾望動力的可能性。在原始社會裡，婚姻實際上不是男與女的聯盟，而是兩個父系家族的聯盟。換言之，聯姻其實帶有很強烈的同性戀含意。兩個男性家族領導人，為了結盟或靠攏，於是安排他們的子女通婚。換句話

說，在亂倫這個伊底帕斯再現系統之後，掩飾著一種非伊底帕斯的同性戀傾向。禁止亂倫的再現系統，不單止壓抑一般的慾望流動，也壓制著同性戀的慾望。

人類慾望亂倫，因為亂倫是被禁止的。禁止亂倫產生了伊底帕斯情意結的再現系統。這便是原始社會創立它們的符碼的歷史神話。真正被原始社會符碼壓制的是慾望生產力。這種慾望生產力被摒諸於社會生產及再生產力的門外，因為它能夠對原始社會體系構成威脅，引起混亂或甚至叛逆性的革命，加促未被符碼化的慾望的流量。德勒茲指出，研究原始社會的歷史學家或民俗學家，不論他們是採取文化論觀點或傳統的精神分析觀點，都無法擺脫家庭組織這個框框的制約。他們不是強調前伊底帕斯的母系核心，便是肯定伊底帕斯式的父系法律統治，歸根究底都是接受伊底帕斯結構的無孔不入。

德勒茲和伽塔利承認，伊底帕斯是人類歷史發展的一個「界限」。但「界限」可以有很多不同的意思，它可以是一個開始，一件開創性的事件，扮演著發源模型的角色；它亦可以佔著中間的位置，結構性地調停不同的人事關係；又或它是一個極限，擔當末世性的決定作用。對德勒茲他們來說，伊底帕斯結構實際就是一種極限。正如慾望生產力是社會生產力的極限；非符碼化的流量是符碼的極限；沒有器官的身體 (body without organs) 是社會機制的極限。這是所謂「絕對極限」：精神分裂的流量穿過圍牆、擾亂所有符碼、搗毀社會機制的界線、逆反領土分割。沒有器官的身體是反領土分割化的社會機制。在這裡，非符碼化的流量像在荒野之中騁馳，一直奔向末日的世界。

　　然而，「絕對極限」畢竟不是常見的。資本主義在歷史水平線上升起時，所帶來的往往是「相對極限」。儘管資本主義解放了非符碼化的流量，讓它們能夠發揮被壓抑的潛力，但同一時間，資本主義亦在製造新的符碼去控制這些流量，這些新的符碼或新的公理可能比舊的更為暴虐及壓迫。伊底帕斯在不同的社會及不同的歷史裡，始終是一個很重要的符碼。由部族社會到核心家庭，伊底帕斯一直在西方歷史扮演著一個吃重的角色。伊底帕斯當然不是社會的源起，它成為重要的符碼主要是依賴社會本身的發展，偶然性地被選定為一個建構權力制度的中心。

　　德勒茲說，伊底帕斯往往是煎熬父親的符碼。父親是這個符碼的始作俑者，他企圖用這個符碼去消除他的恐懼與憂慮，但效果往往適得其反。父傳子的這種父系權力制度每每充滿了很多不穩定性，因為父親永遠都不能擺脫這個憂慮：他永遠都無法肯定他的兒子一定是他的親生兒子。父權力量看似很強，但其實也可以十分脆弱。在父親的眼裡，兒子是否真正是他的這個謎底，只有兒子的母親才會知道。然而父親的恐懼是，他絕不可能從他的妻子口中得到真相。伊底帕斯情意結是屬於父親的，他不單只擔心他的地位會被兒子取代，他甚至擔心他的兒子其實不是他的兒子。當然，父親有時也可能在腦裡閃過這個念頭：他自己其實也可能不是他父親的兒子。假如他的「真正身分」有朝一日被發現，他當然不再可能繼承「父親之名」，也甚至會喪失一切權力以至生命。伊底帕斯符碼的創造，對父親來說無疑是作繭自縛，但同時又將懷疑仇恨的眼光從自己轉移到兒子身上。

　　伊底帕斯無疑是一個重要的象徵，但對德勒茲來說，象徵的

重要性不在乎它的意義是什麼，而是在於它如何運作，如何以一部社會機器的形態發揮作用。象徵不會言語，只會策劃操縱；象徵不是要表達，而是要生產，生產並管理慾望。象徵從來都不是單一地表意，它的涵義往往是繁複多重的。德勒茲指出，在原始社會裡，象徵仍然可以保持它的多重含義，慾望亦未至於完全被控制，依然有充足的流量。不過，儘管慾望在原始社會中有較大自由地流動，但原始社會的機制並不能促進慾望的交流互換。原始的領土機器只重視身體上的銘刻，即用聲音去發號施令，用手去在別人的肉體上刻印上懲罰的花紋，然後用眼去享受別人遭受折磨的痛苦。

德勒茲和伽塔利稱這個聲、手、眼組合成的原始三角為「殘酷劇場」。在這個「劇場」裡，聲音引發行動，肉體回應這些行動，而眼睛則反應地對整個行動過程作出評估。說話的聲音、被刻上記號的身體與觀賞的眼睛，在原始社會機器中為慾望的流量製造了符碼。這個符碼創造了一種欠債人與債權人的關係。欠債人所負的債是一種窮一生之力也不可還清的債。原始社會裡，奴隸或因受罰而被逼紋身的人，永遠也不能真正洗清他們政治或道德的債。宗教出現之後，人類突然發現他們永遠也無法還清，他們欠下神的一筆巨債。神創造了人，人因而欠下了神一個無法償還的恩賜。人只能在生命中經歷生老病死的痛苦，作為對神的一種抵償。在基督教義裡，原罪是一個最大的發明，它令人類的債款永遠也沒法贖清。

在文明社會裡，欠債作為一種符碼，演化成一種內在化了的責任。個人對社會群體的責任，兒女對父母或父母對兒女的責任，

夫婦對婚姻及家庭的責任，士兵對軍隊的責任等等，都是一些不容易償還的債項。德勒茲並不在暗示，人只要推卸了這些責任，拒絕去贖還這些欠款，就可以得到解放。責任是一種控制壓逼的符碼，但不負責任不等於可以擺脫符碼的掣肘。德勒茲常常提及的「逃亡路線」無疑是一種策略。但德勒茲的逃跑者不是一味只管逃命，他也會停下來凝聚力量，發明新武器，創造新形式來抵消舊的符碼。

摩西帶領群眾從埃及的原始領土機器，逃到荒野，在那裡建立他的新機器，為他的子民創造新的宗教及軍事組織。這種逃離舊符碼的新組織，演變成一個帝國，一個由專制君主控制的帝國。野蠻的君主機器開始取代原始的姻親聯盟。事實上聯姻親屬機制早就預示了君主專制與等級制度的興起。兩種機器並不展現了明顯易見的過渡，相反，在德勒茲和伽塔利的敘述裡，它們彷彿是由一體變化出來的內在差異，是一個制度自我產生矛盾而引起的變革。原始的部族聯盟機器擴大為帝國機器，舊的符碼其實沒有被廢除，依然照常運作，只是它們已經被帝國的新符碼所管轄控制。換言之，這並不是一個絕對的直線性過渡。新的帝國機制出現，但舊的聯盟依舊存在，並沒有被取代，只是兩者結合為一種新形體而已。

新的君主專制國家機器，很自然地建立本身的控制符碼。國家把土地收歸政權所有，然後再作分配，解決了耕地的問題。另外，國家亦發明稅制及賦役，人民有義務為國家服務，過去宗教上的「欠債」擴展為「欠國家的債」。國家成了所有人民的最高綜合統一體，而專制君主則是這個國家的血肉軀體代表。君主是一

個國家的身體代表，但同時也是象徵性的。君主帝皇的血脈繼承
權看似不合理，但這種純粹因為血統出身的偶然性，卻成了一個
國家統治基礎的必然性。君主代表國家的理性統治，但君主的產
生卻是非理性的，完全依賴偶然性的血統繼承。換言之，一個所
謂理性統一體的根基核心，其實是非理性和非必然的，但這種非
理性卻是穩定理性的國家統治的重要元素。

　　專制君主往往有一種「超符碼」(overcode/*transcode*) 的能力，
能夠將離散遊蕩的力量集結在他的象徵性身體之上。「超符碼」並
不是一種解放慾望的工具，相反，它比原始領土機器的符碼，更
具有箝制慾望流量的手段。超符碼是一種強大的追溯力，是一種
把過去重新塑造以適合現在發展的力量。君主機制用超符碼的手
法，改變它源起的偶然性，使現有的制度變得完全合理及合法化，
來建立機制本身的平衡。一切外在的、意外的成因令君主機制誕
生，在超符碼化之下，都會全部變得內在的、必然的。帝皇的神
話每每是要奠立一種不可辯駁的絕對性：這個皇朝的興起是上帝
的旨意，凡人不可阻擋。超符碼化是機制本身的一種自我重塑的
能力。機制自我創造，然後自我合理化本身的存在。它偶發性的
出現，變成了一種必然的及恆久的存在。換句話說，超符碼化實
際上含有極大的壓制性。它要令現存的一切合法合理化，就必然
要將它的不合理源頭及歷史盡量隱瞞及壓制。

　　君主專制的權力根基是不容過問的。任何人要追根溯源，必
定會遭受懲罰。事實上，在一個需要理性機制統治的社會裡，要
揭開這個機制的非理性根源或它的野蠻瘡疤，只會搗毀這個社會
的穩定平衡。這當然也是阻止人對機制尋根問底的「理性」論調。

專制君主是權力核心的「保護者」，他的存在防止了任何人霸佔權力核心。表面上看，專制君主本身就已經佔據了權力核心，自然不再可以讓其他人攬著這個核心不放了，但實際上君主的存在純粹是象徵性的，他的本質是空虛及形式性的，他的合法性完全是基於一種絕對偶然的血統關係。君主的作用是不讓任何人靠近或甚至佔領權力的核心。

　　權力本質上是空洞、負面的。挑戰權力的人其實是出於一種誤解，他們以為權力真的代表了一些實質的東西，而忽略了權力之所以為權力，只是他們把權力看成是真正的權力，因而給予權力無上的權力而已。君主的存在，是以一個空虛的東西掩飾另一個空虛的東西（權力核心），從而製造出一個有形的實體。君主的存在其實也是要引起反對者的挑戰，令人相信權力的確存在，否則社會必然無法運作。馬克思在《資本論》(*Das Kapital*) 第一章裡就說過，君主之所以成為君主，不是因為他有一種天生本質令他成皇成帝，而是因為人們視他為君主。如果君主真的以為自己是君主時，他不過是一個白痴而已。專制君主作為一個權力象徵，其實只是個大騙子，不過很多時候，君主自己也被這個象徵所騙。法國大革命時代，激進的革命分子雅各賓派 (Jacobin) 以為只要把法皇送上斷頭臺，就可以剷除專制君主所代表的腐朽帝國，殊不知要清除君主這個權力象徵，實際是要消滅整個象徵符號網絡，而不是單只斬去法皇的頭顱便足夠的。

　　德勒茲認為現代的資本主義及社會主義國家，承受了不少專制君主國家的特色。商品生產的發展、市場的興起與金錢的流通並沒有立刻令封建制度崩解，反而促使專制的封建制度增強了實

力，更加鞏固了它的農奴制度。十八世紀歐洲的專制皇朝，就很懂得維持新興的生產力及商品機制在封建主義的框架之內，不讓這些新力量發揮解符碼的效應。馬克思認為歷史的發展是由抽象進展到具體的，德勒茲和伽塔利則解釋說，這種從抽象到具體的發展，正是一種慾望的運動。如果國家是一種慾望，那麼它是逐漸由君主轉移到人民身上。專制君主無論怎樣頑強，始終抵擋不住慾望的運流。解符碼的流量潛伏地推翻了專制的暴君，但又讓他以另一種形式再度在歷史舞臺上出現 。 這正如凱撒 (Julius Caesar) 被行刺死亡後，反而才真正出現了凱撒的帝制。凱撒作為一個人的死亡，並沒有帶來共和國的興起，相反，令凱撒的帝制更加鞏固。

　　解符碼的潮流可以緊接再符碼的力量 (recoding force)，而不是符碼的崩潰。資本主義固然帶來了極廣泛的解符碼化，但同一時間亦建造了新的符碼，讓解放了的力量再度納入新符碼的管轄之內。人民從封建主義的高壓之下釋放出來，搖身變成了自由身的工人，可以自決地在市場裡販賣自己的勞動力；而財富亦同時脫離了貴族及教會等少數人的控制，變為流動的資金，在自由市場裡購買勞動力。生產者的流量與金錢的流量，兩者加起來卻沒有製造更深遠的解符碼化，相反，形成了再度符碼的特性。生產者的流動力變成了受金錢的流量所支配，失去了本身的自決自由。符碼的問題多少有點像意識形態的問題，任何以為可以超脫意識形態以外的立論，本身已經是意識形態性的。德勒茲認為，流量是脫離不了符碼化的。但更複雜的是，符碼化其實是流量的一個組成部分、一個重要的部分。換言之，我們不能夠簡單地認為，

流量的目的就是要逃脫符碼的控制。在實際情況中，流量其實是
很多時候不再逃跑，而自行製造符碼，將本身流動性穩定下來。

　　資本主義制度可以產生最犬儒的態度：我知道我販賣我的勞
力、喪失了我的自由，但我仍然會繼續這樣做。我明白多看電視，
會受電視的意識所毒害感染，但我照舊會每天看七、八小時電視。
意識與沒有意識，彷彿已變成無關宏旨的問題，因為我們即使明
白了資本主義的剝削及控制原理，我們還是會繼續隨資本主義的
波而逐流。但同一時間，在這個犬儒世代之中，亦產生了一些奇異
的虔敬行為。不少乖異的宗教誕生，令信徒完全著迷，作出種種不
惜犧牲性命的瘋狂狂熱行徑。德勒茲稱這些極端現象為「反領域
分劃」(deterritorialization) 與「再領域分劃」(reterritorialization) 的
兩面派運動。也是資本主義同時進攻亦退守、自我製造缺陷而又
自我改善的一種推進歷史的力量。

　　德勒茲沒有清楚說明，資本主義是否就是人類歷史的終結。
所謂終結，即是說資本主義是人類歷史的最後一個制度，這個制
度之後不會再有後來者。正如我在本章前面的部分提過，德勒茲
並不把他的歷史描述當作是直線順序發展。既然不是直線順序的，
也就很難說是否有終結，或甚至開始。如果歷史是網絡性結構的，
那麼應該以哪一點作為起端或結束呢？德勒茲只是說過，資本主
義是一切社會的外在邊界，因為資本主義本身是沒有外在界限的，
它只有內在界限，而這個內在的界限便是資本。然而，資本主義
的發展是永遠都不會碰上這條內在界限的。或者說，資本主義即
使碰上了它的內在界限，也並不表示資本主義的生產模式停滯不
前，相反，正因為這些內在的局限令資本主義更積極地發展及再

造，以求自我完善，繼續生存。

換句話說，資本主義的所謂「內在界限」，其實是制度的本質，目的是要不斷策動資本主義向前發展。資本主義的危機就是它的生機。基本上資本主義一直生存在危機之中，活在不平衡不穩定的狀況裡，不斷地擴張發展是資本主義唯一解決它內在矛盾及不穩的途徑。歷史上資本主義的發展進程，從來沒有達致一個平衡的狀態。新的解放或新的發明亦同時帶來了新的剝削及新的壓逼。一部分人獲得自由同時意味著另一部分人的自由受到剝削。德勒茲和伽塔利拒絕指出哪一個時候或階段，資本主義才會遇到真正的障礙而面臨崩潰。相反，他們認為只有任由資本主義無止境無界限地發展下去，歷史才有可能出現新境況新氣象。

從高度發展的國家到還未發展的國家，資本不停地跨越領域，由中心滲透到邊緣，打破了分離與隔絕，建立一個全球性的資本主義機器。不過，德勒茲認為在資本極度集中的核心裡，卻存在著完全不發達的區域，如城市裡的貧民窟這種內在的邊緣，也是一些社會學家所說的，美國本土上的第三世界化（意思是說美國儘管是發達國家，是資本雄厚的超級強國，但它的國土上一樣具有像貧窮的第三世界國家的落後不發達地方）。換言之，資本主義生產模式所策動的歷史發展，也未必是徹底地無孔不入的，也因為這個制度本身並不是均衡性的，所以處處製造不公平的壓逼與懸殊，為整個機制帶來不少缺口與裂縫。在德勒茲的字彙裡，非符碼化與新的符碼就是在這些缺口及裂縫之中誕生的。

新符碼取代舊的符碼，功用既可以是加促資本主義的發展，讓這個機器不斷地為生產而生產，但同一時間亦可以是反生產的

(antiproduction)。德勒茲說政府及軍警就是反生產的最龐大的企業組織，它們佔據著生產制度的核心，調控著生產過程。反生產的機制或符碼，把持著生產領域，目的卻不是要限制或防止生產，而是要與生產機器結合，藉此令生產規律化，吸收過分豐富的資源或無止境的流量。德勒茲說這正是資本主義生產模式的特徵：在過剩之中引入匱乏，在知識與科學中製造愚蠢。這是對歷史發展過激的一種防護性的調節，是制度自我控制自我完善的一種方法。歷史運行裡間段性出現的一些自我摧毀性行為或事件，在德勒茲和伽塔利的描述中，得到了比較明確的解釋。換言之，這些似乎是偶然性的災難（如戰爭、天然劫難）在歷史的運作之中，都完全變得必然了。

在相同之中摻入差異，一直是德勒茲的思考路徑。但是，對德勒茲來說，這個差異不是相對或比較得出來的，而是本質的、絕對的、正性的。怎樣找出一個差異本身的概念，怎樣理解偶然性的肯定性質，是德勒茲哲學裡的重要題目，也是他的歷史描述裡的關鍵。

這個在歷史流動力裡的絕對差異，弔詭地是不可能被歸納為一個概念，或等同成一個身分的。那麼我們怎樣可以知道這個正性的差異的存在呢？答案只能在德勒茲的歷史描述過程之中裡尋找。這個過程不斷地創造、繁衍概念，但也同一時間摧毀、拋棄概念。德勒茲的歷史描述有別於傳統的歷史學機制，它並不朝著一個穩定的方向或結構進發，也抗拒著歷史專有名詞與身分的編排，即使他描述的歷史事件被匹配了一個名詞或身分，那也是分裂的身分、繁複離散的名詞。不像歷史論述的傳統，德勒茲的歷

史描述並不指向普世性的意義或價值觀。簡而言之，這是對意義一致性的摻雜、對固定身分的挪移、對「大歷史」嚴肅性的笑謔。

歷史的運行沒有了絕對性、肯定性，是否意味著一種虛無主義 (nihilism) 呢？據尼采的說法，整個歐洲歷史的動力都是來自虛無主義的，這又表示了什麼？作為尼采的研究者，德勒茲是否接受了虛無主義的想法？

就尼采而言，虛無主義就是一切最高的價值都被貶抑降低了，原因是神的死亡、宗教信仰的衰落。神的死亡意味了最高價值的真空，不少概念企圖佔據這個懸空了的位置，取代神過去所扮演的至高無上的角色。這些概念包括啟蒙運動的理想思想、實證科學的客觀真理、社會進步的樂觀願望、個人主義的自決意識、社會主義所保證的大眾幸福等等，但是它們無法長駐在這個最高價值的位置，而以極快的速度不斷被前仆後繼的理念所取代。歷史的運動便是如此這般的後浪驅逐前浪的推移，每一個浪頭都有它的價值，只是沒有一個浪是具備絕對價值的。人類在歷史之中衝著一個接著一個迭起的浪頭，滑行其上，企圖保持平衡，但卻沒有固定可靠的立足點可持。換言之，虛無主義是意義的衰竭，亦是意義的無窮無盡。

尼采並不完全感歎這種衝浪般的無所持的處境。他甚至認為神的死亡、確定性的消逝，開啟了新的水平線及廣闊的視野，人類又可以再次在汪洋之中起航，尋找發現新的世界。不過，人類卻需要付出高昂的代價在這個新世界中航行。所有舊有的意義（無論是道德的、宗教的、或者哲學的）全部溜走，虛無主義正是一種意

義衰竭的經驗。沒有任何東西顯得特別重要，一切都變得相同均等，包括真與假、善與惡。一切事物及價值都很快衰老、過時、坍毀以至消亡。這個虛無主義的汪洋是個無意義的深淵，在這裡不可能找到「為什麼？」的答案。神的死亡表示了一個明辨易懂的世界的消失，一切又重新陷入渾沌狀態。

渾沌在尼采眼中卻是生命力的表現。然而人類歷史都是傾向於否定及排斥生命，他們寧願以虛無主義的手段，去建立一個以真、善、美為價值標準的所謂「真實世界」。於是無邊無際的汪洋又被劃分為兩個世界：一個以穩定、身分、統一性為價值觀及幸福根源的虛無主義世界，以及一個生命力湧現發放的渾沌世界。歷史不斷被虛無主義的力量推動，那個以價值為基礎的「真實世界」很快又受虛無主義瓦解，取而代之的是另一個以宗教的超越理念為原則的基督世界。當然，基督的超驗世界之後，又是另一個以世俗觀念為大道理的世界。這個世界標榜科學文明的進步、理性客觀分析，但科學理性能夠扮演神的位置的時間，卻可以是非常短暫的——它很快又會被其他東西替代。

德勒茲因此承接尼采的論調說，歷史其實是一個極端的經驗主義 (un empirisme radical)。歷史不是依據著一個無上意志、一個超驗理智或一個歷史主體而運行。歷史只是不停地呈現事件，以及種種可能的世界。這才是歷史作為「內在性的平面」的意義。

「內在性的平面」是一個不能分割的環境 (le milieu indivisible)，歷史事件在這個境域裡產生、散佈，而能夠保存著歷史的延續性、完整性。當然，德勒茲一再強調，平面裡的延續不是順序直線的延續；它的完整也不是由一個超驗意志所支配統轄

的結構性完整。歷史的內在平面就像是一片沙漠，歷史事件在這裡發生、聚集、散播，但卻不可能將這片流動的沙漠，像肥沃凝聚的土地般區分切割為可以量度的領地。換言之，事件在歷史的平面上佔據位置，分散傳播，但卻不能將歷史測量及割裂。

　　歷史是一個不可分割的環境。環境 (*milieu*) 在法文中亦可解作當中、中央、中間。人置身在歷史洪流與運動中，並不容易知道洪流的源頭，亦極難預測洪流的終結如何。我們隨時隨地都陷入歷史當中，隨著潮流漂蕩，不知去向。任何人以為自己可以站在歷史洪流之外，客觀地月旦歷史事件，對德勒茲來說，都是有點弄虛作假的。這是否意味德勒茲的歷史觀念只是混沌一片，我們無法鑑古知今，從過去吸取經驗教訓，走向未來呢？答案當然不可能是完全絕對的。

　　歷史在德勒茲的概念中，並不是一個再現的客體。人與歷史的關係，並不是主體與客體的關係。治史的思想方法不是要在主體與客體這種二元對立之間兜兜轉轉。我們都知道，主體／客體的二元對立不是德勒茲一貫的思想方法，但在前面幾章的討論裡，我們亦察覺到，德勒茲並不排斥思想運動中的二元性或對立性。歷史的思考──用他的語言來說──在領土 (territory/*territoire*) 與土地 (earth/*terre*) 之間衍生。領土是規範性的，具有結構界限，而土地則是較開闊自由，伸展擴張的。從領土到土地，是反領土分劃化 (deterritorialization)，由土地歸於領土，則是再度領土分劃化 (reterritorialization)。領土與土地，沒有孰優孰劣的分野，而是歷史運動必須經過的二個地帶，並排而非敵對。

　　具普世性的世界史或宇宙史，似乎是屬於土地的，但土地的

歷史又難免被再度領土分劃化，成為國家民族的歷史。而國家民族的歷史，又不斷掙扎變向環球性的、超越一個民族與一個國家的大歷史。德勒茲認為，這種歷史運動變向卻不是絕對或必然性的，而是歷史的及偶然的。歷史運動的歷史性便是資本主義的崛興與發展。資本主義的發展邏輯把一切國族界限拆散摧毀，但同時亦劃定了新的疆界制度，這種雙重運動已經在本章前半部討論過了，在這裡不再覆述。

在這裡要談的是，除了歷史運動的「歷史性」之外，德勒茲亦十分重視歷史運動的「非歷史性」(*non-historique*)。在《什麼是哲學？》(*Qu'est-ce que la philosphie?*) 中，德勒茲和伽塔利引述尼采的話來解釋「非歷史」像「一個氛圍，生命在這裡萌芽衍生；若它被摧毀，生命必然消失」。不過，德勒茲並不是將歷史與非歷史對立，等同死亡與生命、記憶與遺忘的衝突對抗。事實上，遺忘從來都不是記憶的對立，而是記憶的褶層 (the fold/*le pli*) 或襯裡 (the lining/*la doublure*)。遺忘代表了重新觀看同一件事物的可能，是重新感知世界的一種可能性。因此，歷史性與非歷史並不是對立排斥的，相反，非歷史往往存在於歷史之中，是歷史的內部本質，但亦是歷史的絕對外面 (the absolute outside/*le dehors absolu*)。非歷史是歷史性的「外在的內在」、「疏遠的親近」② ，結構就如「烏比莫斯帶」(見第二章)。換言之，歷史是一層內在的平面，而在這平面上又存在另一層非歷史的平面，層層疊疊，構

② 這些看似充滿矛盾的觀念，其實在當代西方哲學思潮並非不普遍。拉崗心理分析學亦有「外在的親密」(extimacy/*extimité*) 一詞，指曾經熟悉、親近又變得生疏、恐怖的徵兆。

成千重的高原。

雖然非歷史是歷史的內在本質，但非歷史並不等同永恆不朽或超脫時間。非歷史是具有時間性和空間性的。它的時間性是「不合時宜」（untimely/*intempestif*），它的空間性是「十足的變向」（pure becoming/*pur devenir*）。非歷史沒有一刻不是在變異變向。

傳統的歷史是要固定流動的時間（過去）與變異的空間（歷史事件），把過去的事件凝定為可以觀察鑑別的客體，建立古今的歷史秩序，保護我們這些生活在歷史洪流的人類，免於墮入渾沌的擾亂之中。但是，以德勒茲的理解，歷史——正如他所理解的哲學、科學和藝術一樣——是要撕裂開天際的秩序保護網，跳入渾沌的領域之中。歷史的內在本質是非歷史，歷史的目標是要重新回到內在的本質。由於非歷史的特殊結構，回到內在本質亦是走向絕對的外在。

返回非歷史、投向渾沌，並不是簡單地等同拋棄秩序、無法無天、胡作妄為。相反，歷史的任務是藉著投入渾沌中，在混亂間尋找及重建自我組織的機制。換句話說，歷史並非要與混亂同流合污，而是要深入敵陣，與敵人對抗。但要在混沌之中發現組織機制，首先要對付的是傳統歷史所訂立的金科玉律的秩序，以及種種阻撓我們與混亂有任何接觸的保護罩。

「非歷史」就是歷史規條與秩序中的「非根據」（ungrounded, unfounded/*infondé*）。歷史的權威性，其實建基在虛無與混亂之上。歷史的意義，實際上隱藏及壓抑著空無和渾沌。對德勒茲來說，歷史的任務是重新聯繫久被壓制的渾沌，向絕對外在的非歷史吸取新鮮空氣，帶來新的視野，對抗陳舊濫調的歷史

規則及見解。歷史並不是渾沌，而是渾沌的組合 (*composition du chaos*)，亦即是喬哀思 (James Joyce) 所說的「渾沌宇宙」(chaosmos)，是一個組合的渾沌。

唯心主義論者認為，意志支配歷史，歷史的運動由一種形而上的精神所牽引控制；馬克思主義者則推翻這種唯心論，強調歷史的演進是由於物質基礎的變遷，生產模式的改變，以及資產階級與無產階級的鬥爭衝突所致。無論是唯心論或是馬克思主義的歷史觀，歷史的運作與演繹都是由一種中央系統（不管它是形而上的上層結構或是形而下的底層基礎）所統攝控制。德勒茲卻以為，歷史洪流其實更像流體動力，並無任何事物可以擔任中央核心的角色去支配監管歷史的發展。相反，假如真的有一種核心事物或理念擔當中央控制的角色，很多歷史事件根本變得不可能發生。德勒茲強調，歷史是由許多單一獨特體所組合而成，單一體本身又是多元複合體，它們之間會產生局部的對應變化關係，互相調節又重新組織，但卻不受一個遙控的高高在上的統一體所支配。

歷史是生命的流量，毋須依賴中央控制，而能創造自我組織的系統。這種組織往往比依靠中央控制的組織更加健全、更有適應能力和更具創造性。像螞蟻兵團，表面看上去所有螞蟻彷如一部巨大機器的各樣零件般配合無間，行雲流水地順利操作；但細心觀察下，其實沒有任何一隻螞蟻發號施令，操縱其餘所有螞蟻的工作與行動。螞蟻兵團能夠合作無間，不是基於一個中央政府或核心司令部的精密組織，而是由於在特定的局部環境裡能夠互相調節配合，傳遞某種訊息及有節制性的行為模式。那是一套有彈性和具動力的行為模式，而能適用於集體下的個別不同處境，

並非是中央管轄的產物。螞蟻兵團的集體行動效率，是源於個別螞蟻可以互相呼應的行為。這種系統組合比中央組織更接近混亂的狀態，但亦比中央系統更具活力，更能應付外來的突變與衝擊。

這種非中央控制的渾沌組合，即使沒有受到外來力量的挑戰，到一段時間以後亦會自行重新改組，經歷混亂失控之後又再重新建立新的秩序、新的「渾沌宇宙」。由於渾沌能創造新的組合、最富彈性及適應力的組織，故此歷史總是朝著極其量製造混亂的方向發展。

我們必須要注意的，是德勒茲的歷史觀念並不可以隨便等同現在十分流行的後結構主義、後現代主義思潮——儘管德勒茲經常被評論家劃入後結構主義的陣營之內。德勒茲並不是隨意地鼓吹混亂、不穩定性、流動游離，或無主體性。歷史洪流，對他來說，不是完全無定向、什麼也可以的沒有特殊價值的混亂。反之，歷史的混亂是朝著自我組織機制發展，尋找最完善、最能適應時代需要的組合而進行的。渾沌與組織不斷交替，是歷史變遷的必然時刻與契機。

德勒茲所強調的是，如果我們要真正理解歷史的複雜變化，我們不可能以扮演中央控制功能的超越性定律來認識歷史的關係網絡與多元體。但歷史變遷也不是全無規律、流動得無跡可尋的。德勒茲一樣重視歷史的主體、歷史的代辦人 (agency)；不過他說的主體是個「超越任何位置的主體」(transpositional subject)，「我」是歷史中的所有名字。而德勒茲觀念裡的代辦人，是agencement (assemblage)，是集體的裝配，不是某一個獨立個體或階級。這一點的堅持，其實與拉崗十分相似。拉崗實際上也不完

全是想當然的 （後）結構主義者，因為拉崗並不願意拋棄傳統的
主體觀念，儘管他的主體是無意識的主體、欠缺的主體，而不是
個具自主性的、掌握自己命運宇宙的政治代辦人。

　　主體存在於歷史之中，感受歷史洪流帶來的巨變，不斷試圖
創造觀念來體認新秩序，但卻不能自主地掌握自己的命運。即使
德勒茲不是個馬克思主義信徒，他與馬克思對歷史卻有相近的看
法：人類的歷史是由人類創造的，但人不能隨心所欲地創造他們
願見的歷史。人的因素不可抹殺，但這只是歷史的複雜關係網絡
的一個組成部分。既然歷史由人創造，儘管人不能控制這個創造
過程，人的歷史卻可以被人所理解。

　　歷史的運行多重複合，但卻不是無定向、完全不能確定和模
糊不清的。德勒茲認為，歷史在重複之中產生了可以理解的觀念。
本章開首，我提到歷史的重複性問題，究竟德勒茲怎樣理解重複
這個觀念以及它與歷史的關係呢？在《差異與重複》這部早年的
著作裡，他給予重複一個簡潔卻不易立刻瞭然的描述：重複是沒
有觀念的差異。據德勒茲的看法，重複並不帶來相等或相似的秩
序；相反，重複引來不可互換、不可替代的差異。與一般的觀念
產生極大距離的是，德勒茲理解的重複不是因循、照舊、原地踏
步、一個相同程式的不斷再造再生產。重複卻是反規律的越軌行
徑，是自由與創造，是對記憶與習慣的詛咒。重複令遺忘和無意識
變成正面的力量。因此，重複不是關於過去而是關於未來的思想。

　　歷史的運動是在重複之中引出差異。差異一直都棲居於重複
之中，透過歷史的運行，一物變向他物，一個組織系統變向他者，
與本身疏離對抗。如果重複與過去有任何關連的話，是重複回到

過去以挽回那些在過去曾被抹殺的種種可能性。人類的歷史都是由勝利者所撰寫的。勝利者在歷史傳記裡表揚他們在過去如何克服困難、打敗敵人、創造光輝的事蹟，但同一時間很多在過去中沒有實現或被壓抑下去的歷史可能性，亦被完全掩蓋埋沒。從一個觀點看，德勒茲所理解的重複，無疑是對既有的歷史敘述的一種挑戰與越軌。重複是要拯救那些在歷史中已被覆蓋的可能性、遭受隱藏的空白，因此歷史的重複不是相同的複製，不是成規的引用，而是差異的創造、自由的變更。

　　重複的觀念擴開我們對歷史的認識。歷史並不是由一個超越意志所支配的。透過重複，歷史不斷自我繁衍，創造與本質不同甚至對抗性的差異，打垮原有的秩序，又再在渾沌之中，尋找更有活力的新組合。

　　資本主義的歷史發展，根據德勒茲的理解，已經從傅柯所定義的紀律性社會 (disciplinary societies) 改變為控制性社會 (societies of control)。過去用來管治人類的封閉性空間，如家庭、學校、工廠、醫院、軍旅、監獄等建制，已漸漸被自由浮動、沒有一定界線的控制空間所取代；這種新的流動控制空間，包括大企業、市場、電腦資訊網絡、以及任何交易傳遞系統等等。西方的高度資本主義社會，不再重視生產（生產交由發展中的第三世界去做），而只著重買賣交易。控制不再以封閉的空間進行，人似乎不再像世紀初般困頓在一個禁閉的空間裡，但人卻不斷欠債欠息。由於交易資訊的迅速改變，人不斷要接受在職培訓，大企業取代了工廠與學校的位置，而人則受制於一堆符碼、數據、資料之下。德勒茲說，我們沒有必要去追問，哪一種社會更殘酷或哪一種社

附錄

德勒茲生平及主要著作年表

◆1925 年 1 月 18 日

出生於巴黎。父親是個工程師。德勒茲有一個兄長，後因參加抗納粹運動而死。

◆1943 年

在巴黎卡洛中學 (Lycée Carnot) 畢業，並開始閱讀哲學書籍。

◆1944～1948 年

得免軍役，於索邦學院 (Sorbonne)〔即巴黎大學前身〕攻讀哲學。

期間認識了其後成為法國哲學、文學及電影界的重要人物，如：查達理 (François Châtelet)、畢托 (Michel Butor)、泰里雅 (Michel Tournier)、朗士文 (Claude Lanzmann) 等。

當時在索邦，德勒茲主要跟幾位教授研習哲學，他們包括：艾吉亞 (Ferdinand Alquié)、肯居罕 (Georges Canguilhem)、狄岡地勒 (Maurice de Gandillac) 及于沒力 (Jean Hippolyte)。

在法國解放時期，德勒茲經常到 La Fortelle 這個地方，參加知識分子與作家的聚會，期間認識了哥索斯基 (Pierre Klossowski)、拉崗 (Jacques Lacan)、保漢 (Jean Paulhan)。

德勒茲憶述說，那時候他們大多數都仍然停滯在思想史的研究中，狂

熱地沈迷於黑格爾 (G.W.F. Hegel)、胡塞爾 (Edmund Husserl) 及海德格 (Martin Heidegger) 的哲學裡，情況比中世紀時代的經院學究更為惡劣。同一時間，他亦開始對萊布尼茲 (Gottfried W. Leibniz) 發生興趣，並發現了他甚為欽佩的當代哲學家沙特 (Jean-Paul Sartre)。

◆1948 年

取得哲學系學銜 (agrégation de philosophie)。

◆1948～1957 年

於亞棉 (Amiens)，奧爾良 (Orléans) 及路易一世 (Louis le Grand) 等中學擔任哲學教師。

◆1953 年

首次出版《經驗主義與主體性》(*Empirisme et subjectivité*)，是對休謨 (David Hume) 哲學的專題研究。之前一年，德勒茲與友人克松 (André Cresson) 共同編著了《大衛·休謨：其人、其作及對其哲學的解釋》(*David Hume: Sa vie, son œuvre, avec un exposé de sa philosophie*) 一書。其後八年內，德勒茲都沒有主要著作發表（期間只寫了一些關於柏格森 (Henri Bergson)、尼采 (Friedrich W. Nietzsche) 及盧克雷謝斯 (Lucretius) 等的短論）。他形容這八年是他生命中的一個窟窿 (*un trou*)，但也由於這個窟窿，令以後的進展與變動變得可能。

◆1956 年 8 月

與芬妮·干素罕 (Fanny Grandjouan) 結婚。
其後二人育有一子一女。

◆1957～1960 年

　　返回母校巴黎大學，任思想史助教。

◆1960～1964 年

　　擔任法國國家科學研究中心（Centre national de la recherche scientifique，簡稱 CNRS）的研究員。

◆1962 年

　　《尼采與哲學》(*Nietzsche et la philosophie*) 出版。

　　於克萊蒙費朗 (Clermont-Ferrand) 結識傅柯 (Michel Foucault) ，開始了他們長久的友誼，兩人不時在作品中表示對對方思想的仰慕。

◆1963 年

　　《康德的批判哲學》(*La philosophie critique de Kant*) 問世。

◆1964 年

　　《普魯斯特與符號》(*Marcel Proust et les signes*) 出版。

◆1964～1969 年

　　任里昂 (Lyon) 學院授課教授。

◆1965 年

　　《尼采研究》(*Nietzsche*) 出版。

　　短論 〈哥索斯基與身體語言〉 (Klossowski ou les corps-language) 刊於《批判雜誌》(*Critique*) 第二一四期。

◆1966 年

《柏格森哲學》(*Le Bergsonisme*) 出版。

◆1967 年

與傅柯合著〈尼采導論〉(Introduction générale à Nietzsche)，刊於法譯版的《喜悅的學問》(*Le gai savoir*) 上。

《自虐研究：冷淡與殘酷》(*Présentation de Sacher-Masoch: le froid et le cruel*) 出版。

◆1968 年

主要論文《差異與重複》(*Différence et répétition*) 出版，導師為狄岡地勒。

次論文《斯賓諾沙與表達的問題》(*Spinoza et le problème de l'expression*) 出版，導師是艾吉亞。

◆1969 年

《意義的邏輯》(*Logique du sens*) 出版。

這一年，德勒茲正式成為巴黎第八大學樊尚分校 (Paris VIII－Vincennes) 的教授。他在此任教，直至退休為止。

最重要的是他在這一年認識了伽塔利 (Félix Guattari)，開始了兩人以後的合作。之後兩年半內，兩人大量閱讀不同種類的書籍，互相交換意見。

德勒茲亦參與了由傅柯建立的「監獄資訊組織」(Groupe Information Prison)，開展了他的社會政治活動。

◆1970 年

《斯賓諾沙：實踐的哲學》(*Spinoza: Philosophie pratique*) 出版。

與伽塔利合著短論〈分離的綜合〉，刊於《圓拱雜誌》(L'Arc) 第四十三期。

◆1972 年

與伽塔利合著《資本主義與精神分裂卷一：反伊底帕斯》(Capitalisme et schizophrénie 1: L'Anti-Œdipe) 出版，引起廣泛注意。兩人因此接受了不少訪問。

◆1973 年

〈游牧思維〉(Pensée nomade) 發表於《尼采，今時今日？》(Nietzsche aujourd'hui?)。

與伽塔利合著〈慾望機器的程序表小結〉。後收在《反伊底帕斯》第二版中。

◆1975 年

與伽塔利合著《卡夫卡：作為少數文學》(Kafka: Pour une littérature mineure) 出版。

與巴特 (Roland Barthes)、傑內特 (Gerard Genette) 等發表討論普魯斯特的〈圓桌會議〉(Table ronde)。

◆1976 年

與伽塔利合著《根莖初論》(Rhizome: Introduction) 出版。

◆1977 年

與伽塔利合著《政治與心理分析》(Politique et psychanalyse) 出版。

與帕尼 (Claire Parnet) 合著《對談》(Dialogues) 出版。

◆1978 年

與斑尼 (Carmelo Bene) 合著《重疊》(*Superpositions*) 出版。義大利文版同年面世。

◆1980 年

與伽塔利合著 《資本主義與精神分裂卷二：千高臺》 (*Capitalisme et schizophréniez 2: Mille plateaux*) 出版。

◆1981 年

《培根：感覺的邏輯》(*Francis Bacon: Logique de la sensation*) 出版。

◆1983 年

《電影一：運動影像》(*Cinéma 1: L'image-mouvement*) 出版。

為《尼采與哲學》英譯本作序。

◆1984 年

為《康德的批判哲學》英譯本作序。

同年 6 月，傅柯逝世。德勒茲在追悼會上朗讀傅柯遺著段落，以表敬意，並決心撰寫傅柯專論。

◆1985 年

《電影二：時間影像》(*Cinéma 2: L'image-temps*) 出版。

◆1986 年

《傅柯研究》(*Foucault*) 出版。為《電影一》英譯本作序。

◆1987 年

從巴黎大學退休。患有頗嚴重肺病。

為《對談》英譯本作序。

◆1988 年

《褶子：萊布尼茲與巴羅克》(*Le pli: Leibniz et le baroque*) 出版。

《佩里扣里與弗堤 ： 查達理的哲學》 (*Périclès et Verdi: La philosophie de François Châtelet*) 出版。

以英文撰寫〈一個哲學的觀念〉，刊於 *Topoi* 雜誌卷七第二期。

為《電影二》英譯本寫序。

◆1989 年

參加傅柯國際研討會，並發表論文 〈什麼是機關裝置？〉 (Qu'est-ce qu'un dispositif?)。

◆1990 年

訪問集《會談》(*Pourparlers 1972～1990*) 出版。

◆1991 年

與伽塔利合著《什麼是哲學？》(*Qu'est-ce que la philosophie?*) 出版。

為《經驗主義與主體性》英譯本作序。

◆1992 年 9 月

伽塔利逝世。

◆1993 年

論文集《批判與臨床》(*Critique et clinique*) 出版。

◆1994 年

　　為《差異與重複》英譯本作序。

◆1995 年 11 月 4 日

　　德勒茲經過了接近十年的疾病煎熬，終於以自殺的方式，從巴黎的寓
　　所跳下，了結自己的生命。

參考書目

Benveniste, Emile. *Problems in General Linguistics*. Trans. Mary Elizabeth Meek. Coral Gables: University of Miami Press, 1971.

Bogue, Ronald. *Deleuze and Guattari*. New York: Routledge, 1989. Contains extensive bibliography.

Boundas, Constantin V. and Dorothea Olkowski, eds. *Gilles Deleuze and the Theater of Philosophy*. New York: Routledge, 1994. Contains extensive bibliography.

Buydens, Mireille. *Sahara: L'esthéque de Gilles Deleuze*. Paris: Vrin, 1990.

Canning, Peter. "Transcendental Narcissism Meets the Multiplicity (Lacan: Deleuze)." *Thinking Bodies*. Ed. Juliet Flower MacCannell & Laura Zakarin. Stanford: Stanford University Press, 1994. 195-214.

Colombat, André Pierre. *Deleuze et la littérature*. Paris: Peter Lang, 1990.

De Saussure, Ferdinand. *Course in General Linguistics*. Ed. Charles Bally and Albert Sechehaye. Trans. Wade Baskin. New York: McGraw-Hill, 1966.

Deleuze, Gilles. *Empirism and Subjectivity: An Essay on Hume's Theory of Human Nature*. Trans. Constantin V. Boundas. New York: Columbia University Press, 1991.

Deleuze, Gilles. *Nietzsche et la philosophie*. Paris: Presses universitaires de

France, 1962. English version: *Nietzsche and Philosophy*. Trans. Hugh Tomlinson. New York: Columbia University Press, 1983.

Deleuze, Gilles. *Kant's Critical Philosophy: The Doctrine of the Faculties*. Trans. Hugh Tomlinson and Barbara Habberjam. Minneapolis: University of Minnesota Press, 1984.

Deleuze, Gilles. *Marcel Proust et les signes*. Paris: Presses universitaires de France, 1970.

Deleuze, Gilles. *Bergsonism*. Trans. Hugh Tomlinson and Barbara Habberjam. New York: Zone Books, 1988.

Deleuze, Gilles. *Masochism: Coldness and Cruelty. Venus in Furs*. New York: Zone Books, 1985.

Deleuze, Gilles. *Différence et répétition*. Paris: Presses universitaires de France, 1968.

Deleuze, Gilles. *Expressionism in Philosophy: Spinoza*. Trans. Martin Joughin. New York: Zone Books, 1990.

Deleuze, Gilles. *Logique du sens*. Paris: Minuit, 1969. English version: *The Logic of Sense*. Trans. Mark Lester with Charles Stivale. New York: Columbia University Press, 1990.

Deleuze, Gilles. *Spinoza: Practical Philosophy*. Trans. Robert Hurley. San Francisco: City Lights Books, 1988.

Deleuze, Gilles. "Pensée nomade." *Nietzsche aujourd'hui?* vol. 1. Paris: 10/18, 1973. English version: "Nomad Thought." *The New Nietzsche*. Ed. David B. Allison. Cambridge: MIT Press, 1985. 142-9.

Deleuze, Gilles. *Francis Bacon: Logique de la sensation*. 2 vols. Paris: la

Différence, 1981.

Deleuze, Gilles. *Cinema 1: The Movement-Image*. Trans. Hugh Tomlinson and Barbara Habberjam. Minneapolis: University of Minnesota Press, 1986.

Deleuze, Gilles. *Cinema 2: The Time-Image*. Trans. Hugh Tomlinson and Robert Galeta. Minneapolis: University of Minnesota Press, 1989.

Deleuze, Gilles. *Foucault*. Paris: Minuit, 1986. English version: *Foucault*. Trans. Sean Hand. Minneapolis: University of Minnesota Press, 1988.

Deleuze, Gilles. *Le pli: Leibniz et le baroque*. Paris: Minuit, 1988. English version: *The Fold: Leibniz and the Baroque*. Trans. Tom Conley. Minneapolis: University of Minnesota Press, 1992.

Deleuze, Gilles. *Périclès et Verdi: La philosophie de François Châtelet*. Paris: Minuit, 1988.

Deleuze, Gilles. "A Philosophical Concept." *Who Comes After the Subject?* Ed. Eduardo Cavada, Peter Connor and Jean-Luc Nancy. New York: Routledge, 1991. 94-5.

Deleuze, Gilles. *The Deleuze Reader*. Ed. Constantin V. Boundas. New York: Columbia University Press, 1993.

Deleuze, Gilles. *Pourparlers 1972-1990*. Paris: Minuit, 1990. English version: *Negotiations 1972-1990*. New York: Columbia University Press, 1995.

Deleuze, Gilles and Félix Guattari. *Capitalisme et schizophrénie: L'Anti-Oedipe*. Paris: Minuit, 1972. English version: *Anti-Oedipus: Capitalism and Schizophrenia*. Trans. Robert Hurley, Mark Seem and H. R. Lane. New York: Viking, 1977.

Deleuze, Gilles and Félix Guattari. *Kafka: Toward a Minor Literature*. Trans.

Dana Polan. Minneapolis: University of Minnesota Press, 1986.

Deleuze, Gilles and Félix Guattari. *Politique et psychanalyse.* Alençon: Des mots perdus, 1977.

Deleuze, Gilles and Félix Guattari. *A Thousand Plateaus: Capitalism and Schizophrenia.* Trans. Brian Massumi. Minneapolis: University of Minnesota Press, 1987.

Deleuze, Gilles and Félix Guattari. *Qu'est-ce que la philosophie?* Paris: Minuit, 1991. English version: *What Is Philosophy?* Trans. Hugh Tomlinson and Graham Burchell. New York: Columbia University Press, 1994.

Deleuze, Gilles and Claire Parnet. *Dialogues.* New York: Columbia University Press, 1987.

Freud, Sigmund. *Beyond the Pleasure Principle.* Trans. & ed. James Strachey. New York: W. W. Norton, 1961.

Hardt, Michael. *Gilles Deleuze: An Apprenticeship in Philosophy.* Minneapolis: University of Minnesota Press, 1992.

Hegel, G. W. F. *Phenomenology of Spirit.* Trans. A. V. Miller. Oxford: Oxford University Press, 1977.

Heidegger, Martin. *Sein und Zeit.* Tübingen: Max Niemeyer, 1984. *Being and Time.* Trans. John Macquarrie and Edward Robinson. New York: Harper & Row, 1962.

Jardine, Alice A. *Gynesis: Configurations of Woman and Modernity.* Ithaca: Cornell University Press, 1985.

Kant, Immanuel. *Critique of Pure Reason.* Trans. Norman Kemp Smith. New York: St. Martin, 1929.

Kojève, Alexandre. *Introduction to the Reading of Hegel: Lectures on the Phenomenology of Spirit*. Ed. Allan Bloom. Trans. James H. Nichols, Jr. Ithaca: Cornell University Press, 1980.

Lacan, Jacques. *Le seminaire livre XI: Les quatre concepts fondamentaux de la psychanalyse*. Paris: Seuil, 1973. *The Four Fundamental Concepts of Psychoanalysis*. Trans. Alan Sheridan. New York: W. W. Norton, 1977.

L'Arc 49 (1972, rev. 1980). Special issue on Deleuze.

Lecercle, Jean-Jacques. *Philosophy Through the Looking-Glass: Language, Nonsense, Desire*. London: Hutchison, 1985.

Lendemains 14.53 (1989). Special issue on Deleuze.

Magazine littéraire 257 (1988). Special issue on Deleuze.

Marx, Karl. *The Eighteenth Brumaire of Louis Bonaparte*. New York: International Publishers, 1963.

Massumi, Brian. *A User's Guide to Capitalism and Schizophrenia: Deviations from Deleuze and Guattari*. Cambridge: MIT Press, 1992.

Nietzsche, Friedrich. *The Will to Power*. Ed. Walter Kaufmann. Trans. Walter Kaufmann and R. J. Hollingdale. New York: Vintage Books, 1968.

Semiotext(e) 3.2 (1977). Special issue on "Anti-Oedipus."

Substance 44/45 (1984). Special issue on Deleuze and Guattari.

Substance 66 (1991). Special issue on Deleuze and Guattari.

Taipei Criticism. 《臺北評論》，第二期 (1987)。〈德勒茲專輯〉。

西洋文學、文化意識叢書

葉維廉　　廖炳惠主編

叢書特色

在文字上：用平實淺明的解說，取代艱澀、令人目不暇給的名詞及術
語。

在內容上：真正深入每一理論家的原作，系統的闡明文學、文化理論
的思想傳承、演變、作用，並進一步評估其成就。

在選題上：平均分配文學、文化理論家的學派比例，並對當代的文化、
社會理論及活動作一廣泛的接觸。

在地域上：涵蓋了蘇俄、東歐、西歐到美國，使不落入英美或法德為
本位的理論傾銷。

作者方面：這套叢書集合了臺灣、香港、法國、美國的學者，以目前
的陣容為基礎，希望能逐漸擴大，並引起學術及文化界的
熱列迴響，使理論進入日常生活的意識，思想與文化作為
結合。

馬克思

洪鎌德　著

本書剖析馬克思理論與革命實踐的演變及影響，詳實描繪了馬克思的生平，並對其學說與貢獻作出公正的評析。作者一方面批判「正統馬克思主義」過份崇奉馬克思主義作為科學的社會主義之機械宿命，二方面展示「西方馬克思主義」與「新馬克思主義」所懷抱之烏托邦式願景。

柏拉圖

傅佩榮　編著

在作者淺顯的介紹中，柏拉圖《對話錄》之各類題旨愈發清晰，而文雅又精鍊的原文翻譯，也讓讀者得以欣賞柏拉圖的行文風格與敏銳心智。跟隨作者與柏拉圖的腳步，讓我們一同進入深刻的哲學思辨。本書是掌握柏拉圖哲學的最佳讀本！

海德格與胡塞爾現象學

張燦輝　著

海德格被公認為二十世紀最重要的哲學家之一，但想要了解海德格哲學，則不能不從他的老師胡塞爾開始講起。作者淋漓盡致地分析整個現象學的發展、變化乃至超越與困境。本書於一九九六年首次出版，對當時漢語世界剛剛起步的海德格研究，有重要的參考價值。

知識論

彭孟堯　著

「求知」是人之所以為人的一項重要特徵，而知識論就是人類這種求知活動的菁華。本書除了介紹西方傳統的知識論之外，著重在解說當代英美哲學界在知識論領域的研究成果與發展，並引進認知科學以及科學哲學的相關研究成果，以輔助並擴充對於知識論各項議題的掌握。

邏輯

林正弘 著

抽象思考的能力與嚴密推理的習慣，是處理複雜的事物所不可缺少的。有許多方法可以培養這種能力與習慣，而最簡便的方法就是學習邏輯，因為邏輯是直接以推理的規則為其研究的對象。我們如果學會依據這些規則來推理，則不但會顯著地增加推理的正確性，同時也能夠逐漸地培養抽象思考的能力。

國家圖書館出版品預行編目資料

德勒茲／羅貴祥著.－－三版一刷.－－臺北市：東大，
2021
　　面；　公分.－－（西洋文學、文化意識叢書）

ISBN 978-957-19-3242-2　（平裝）
1. 德勒茲(Deleuze, Gilles, 1925-1995) 2. 學術思想
3. 哲學

146.79　　　　　　　　　　　　　　109018877

西洋文學、文化意識叢書

德勒茲

作　　者	羅貴祥
發 行 人	劉仲傑
出 版 者	東大圖書股份有限公司
地　　址	臺北市復興北路 386 號 (復北門市)
	臺北市重慶南路一段 61 號 (重南門市)
電　　話	(02)25006600
網　　址	三民網路書店 https://www.sanmin.com.tw
出版日期	初版一刷 1997 年 4 月
	二版一刷 2016 年 3 月
	三版一刷 2021 年 1 月
書籍編號	E870110
Ｉ Ｓ Ｂ Ｎ	978-957-19-3242-2

東大圖書公司